历史的丰碑丛书

思想家卷

中国古代杰出的军事家
孙　子

刘连朋　编著

吉林人民出版社

图书在版编目(CIP)数据

中国古代杰出的军事家——孙子 / 刘连朋编著 . --

长春 : 吉林人民出版社 , 2011.3 (2025.4 重印)

(历史的丰碑丛书)

ISBN 978-7-206-07618-3

Ⅰ.①中… Ⅱ.①刘… Ⅲ.①孙武（前 533 ~ ?）—生平事迹—青年读物②孙武（前 533 ~ ?）—生平事迹—少年读物 Ⅳ.① K825.2-49

中国版本图书馆 CIP 数据核字 (2011) 第 037562 号

中国古代杰出的军事家　孙子
ZHONGGUO GUDAI JIECHU DE JUNSHIJIA　SUNZI

编　　著 : 刘连朋

责任编辑 : 王　斌　　　　　　封面设计 : 孙浩瀚

制　　作 : 吉林人民出版社图文设计印务中心

吉林人民出版社出版 发行 (长春市人民大街7548号　邮政编码:130022)

印　　刷 : 北京一鑫印务有限责任公司

开　　本 : 787mm × 1092mm　1/16

印　　张 : 8　　　　　　　字　　数 : 72 千字

标准书号 : ISBN 978-7-206-07618-3

版　　次 : 2011年3月第1版　　印　　次 : 2025年4月第3次印刷

定　　价 : 35.00 元

编者的话

"欲知大道，必先为史"。

回溯人类的足迹，人们首先看到的总是那些在其各自背景和时点上标志着社会高度和进步里程的伟大人物。他们是历史的丰碑，是后世之鉴。

黑格尔说："无疑，一个时代的杰出个人是特性，一般说来，就反映了这个时代的总的精神。"普希金说："跟随伟大人物的思想是一门引人入胜的科学。"

以史为鉴，面向未来。作为21世纪的继往开来者，我们觉得，在知史基础上具有宽广的知识结构、开阔的胸襟和敏锐的洞察力应是首要的素质要求，而在历史的大背景中追寻丰碑人物的思想、风范和足迹，应是知史的捷径。

考虑到现代人时间的宝贵，我们期盼以尽量精短的篇幅容纳尽量丰富的信息，展现尽量宏大的历史画卷和历史规律。为此，我们编撰了这套丛书。

编撰丛书的过程，也是纵览历代风云、伴随伟人心路、吸收历史营养的过程。沉心于书页，我们随处感受着各历史时期伟大人物所体现的推动历史进步的人类征服力量。我们随着伟人命运及事业的坎坷与辉煌而悲喜，为他们思想的深邃精湛、行为的大气脱俗而会意感慨、拍案叫绝。

然而，在思想开始远游和精神获得享受的同时，我们也随之感受到历史脚步的沉重

和历史过程的曲折。社会每前进一步都是艰难的，都伴随着巨大的痛苦和付出。历史的伟大在于它最终走向进步，最终在血污中诞生了鲜活的"婴孩"。

历史有继承性和局限性，不能凭空创造。伟人也有血肉，他们的思想、行为因此注定了同样具有历史的局限性和阶级的、时代的烙印；他们的功业建立于千千万万广大人民群众伟大创造的基础上。历史是人民群众创造的，伟大的人物们是历史和时代造就的。同时，我们也无法否定此间他们个人的努力。这也正是我们编撰这套丛书的目的。

我们期盼着这套丛书得到社会的认同，对读者，特别是青少年读者之历史感、成就感和使命感的培养有所裨益。史海浩瀚，群星璀璨。我们以对广大青少年读者负责的精神，精心遴选，以助力青少年成长进步，集结出版了《历史的丰碑》系列丛书，敬请读者批评、指正。

历史的丰碑丛书

编 委 会

智慧，是任何人在任何时候都需要的，因为无论从事任何工作都要依靠它，这就是《孙子兵法》一书对人们有如此巨大魅力的原因。当年法国统帅拿破仑兵败之后读到这部古代东方的奇书后说："如果我早一点读到它，就不会失败了。"拿破仑的话无疑是说他少了一点儿《孙子兵法》中所显发的智慧。以军事活动为对象的《孙子兵法》，含藏着精深的关于胜与负、存与亡的哲学，正由于此，它的思想进入了今天的政治、外交、贸易等领域。

　　《孙子兵法》为中国春秋时期的孙子所著，问世已经两千多年，是世界军事史上第一部系统的军事理论著作，至今已被翻译成多种外国语言，成为世界人民共同拥有的智慧源泉，也因此使孙子成为世界文明史上不朽的人物。

目　录

历史的丰碑丛书

源远流长的家世

> 天行健，君子以自强不息。
> ——《周易》

孙子（约前545年—约前470年，尊称兵圣孙子），字长卿，春秋末期齐国东安（今山东省北部）人。中国春秋时期著名的军事家。

孙子是舜的后代。尧、舜、禹是我国古代的圣王，也是中华民族的祖先，今天的赵、钱、孙、李等"百家姓"中的"百家"家族大都是从尧、舜、禹的血缘关系中慢慢演变来的。在孙子的家谱中，我们可以见到有虞阏父这样一个人，从舜到虞阏父是一段模糊不清的历史，不知道中间一些人物的名字与生活状况，然而，从虞阏父到孙子我们却可以看到一条确切的谱系。

虞阏父生活在周武王时期。周武王伐纣，灭掉商朝，于公元前841年建立周朝，自此形成了中国古代社会有史可寻的所谓"三代"王朝，即夏、商、周，夏朝是禹建立的，《史记》卷二载：帝舜荐禹于天，为

← 舜

嗣。十七年而帝舜崩。三年丧毕，禹辞辟舜之子商均
于阳城。天下诸侯皆去商均而朝禹。禹于是即天子位，
南面朝天下。国号曰夏后，姓姒氏。周朝分为西周与

武王

受天眷命　继志前人

避远悦服　偃武修文

惟贤是宝　法度彰明

建用皇极　爱叙彝伦

→周武王

东周，东周从公元前770年开始，也就是中国历史上所谓的"春秋"时期，孙子就生活在这个朝代。当周武王之时，虞阏父任陶正之官，也就是执掌陶器的制作与管理制陶器的工匠。因虞阏父管理有方，并且他是圣人之后，所以，为了奖励他，周武王便把自己的长女大姬嫁给了他的儿子满。之后，周武王又封给满一块领地，在今天的河南淮阳一带，

满在那里建立了陈国。周代采取封建制，即国君分封给大臣一块领地，这块领地便归大臣所掌管，这些领地的主人便成了诸侯，由此便形成了一个个的诸侯国，满就成为陈国的第一位国君。在周武王封满领地的同时，武王又赐满女伪姓，另外满又以陈为氏。在今天的语言里，姓和氏合在一起，组成"姓氏"，表达一个意思，然而在当时，姓和氏是分开的，表达两个意思。在上古同姓贵族的不同分支有不同的称号，叫作"氏"，以示区别，满就是女伪姓这一族的一个分支——陈氏。陈国就是孙子的老家，陈国的历代君主都是孙子的祖先。

陈国自满开始，中经申公犀侯、相公皋羊、孝公突、慎公圉戎、幽公宁、釐公孝、武公灵、夷公说、平公燮、文公圉，至桓公鲍的时候，陈国发生了内乱。陈桓公死后，其弟陈他杀掉桓公的太子免而自立为国君，后来，蔡国人又杀掉他，立免的弟弟跃为陈厉公，因为跃的母亲是蔡国人。至厉公卒，他的弟弟林继承了王位，是为陈庄公。庄公卒，王位又传于其少弟杵臼，是为陈宣公。其实厉公的长子是完，完因为叔父的篡位而不能按照规矩立为国君。另外，陈宣公杵臼本来已经立了太子御寇，以待将来继位，但后来宣公的宠姬又生子名款，于是宣公便欲立款为太子。厉公的太子完与御寇因为同遭被排斥的处境，所以俩人惺惺相惜，交往甚密，至御寇被杀，完恐怕灾祸及身，于是逃奔到了齐国。完是孙子的直系祖先。完到齐国时，齐国正值齐桓公当政。齐桓公是个大有作为的君主，他任用管仲、鲍叔牙等人辅佐，使齐国成为一个力量强大的诸侯国。齐桓公在位时间是公元前685年至662年，这个时期已经进入东周也就是春秋时代，齐桓公是春秋五霸之一，与另外四个诸侯晋文公、楚庄王、吴王阖闾和越王勾践共称五霸。完到齐国后，齐桓公认为完本该继位为侯，非同普通人，所以欲任完为卿。卿在西周和春秋时是天子及诸分封侯所属的

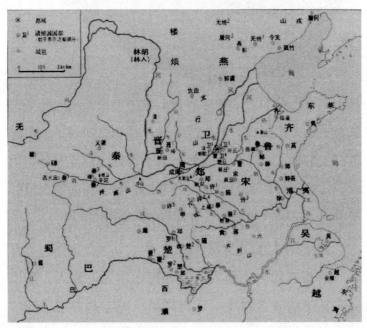

→五霸

← 雕刻孙子兵法的海螺

高级长官。然而，完却认为自己是个逃难之人，客居他乡，不能贪图高位，故推辞了这一任职，而当了一个管理百工的基层官吏。完虽然是个小官吏，但他和他的后人们却是很有作为，也是人才辈出，到了完的第四世孙无宇时，已然官上大夫，无宇即孙子的曾祖父。

在中国古代的血缘关系中有"五服"一说。"五服"意指五代，中国人认为五代之内为一家人，所以完为孙子的直系祖先，称为高祖，无宇是曾祖。无宇

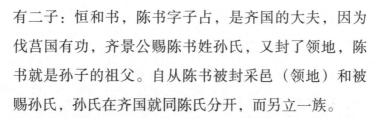

有二子：恒和书，陈书字子占，是齐国的大夫，因为伐莒国有功，齐景公赐陈书姓孙氏，又封了领地，陈书就是孙子的祖父。自从陈书被封采邑（领地）和被赐孙氏，孙氏在齐国就同陈氏分开，而另立一族。

陈书生子凭，字起宗，起宗二字大概标示着孙氏家族自此兴起，孙凭为齐国的卿。孙凭生孙子，字长卿，这是公元前大约545年的事，中国历史进入了春秋末期。

正像许多个家族的命运一样，孙子的家族也经历

→ 孙子纪念馆

了一番曲折的历史。然而孙子还是幸运的，因为他的家族始终是在贵族社会这一层次上变迁，从孙子的家谱中我们可以获悉他生活在一个领主贵族的家庭环境中，这样的环境使得孙子能够受到文化的教育。文化存在于贵族社会中，却是那个时代的现实。《孙子兵法》决不会凭空而得，作为一部军事理论著作，它首先是一部文化作品，纵使孙子个人有超群的才智，他也必须首先有深厚的文化修养，正是依凭这深厚的文化修养，他才能够进行高层次的理论思考，孕养出文化的果实。在孙子时代，中华民族的文化已经有了较高的发展，经过夏、商、周而形成的远古文明是中华文明的本源。无论是继承"周文"的儒家；还是反叛"周文"的道家；抑或承袭夏代观念的墨家，我们所熟知的"诸子百家"无不是从古文化中演化而来的。"诸子百家"中就有兵家一系，孙子就是一个大兵家。

　　"诸子百家"的兴起从文化上反映了孙子时代的动荡与混乱，孙子就生活在这样纷杂的历史背景下。在春秋时期，西周的大一统社会格局已经崩溃，王权的绝对权威性已成昔日黄花，周天子只保留着一个名义上的统治者地位，各个诸侯国在实质上拥有了独立于周天子的统治实权而各行其是。自然地，为了获得更大的利益——土地、人口与财富，各诸侯国之间展

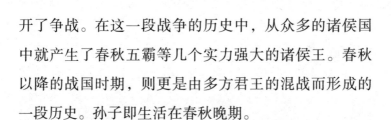

开了争战。在这一段战争的历史中，从众多的诸侯国中就产生了春秋五霸等几个实力强大的诸侯王。春秋以降的战国时期，则更是由多方君王的混战而形成的一段历史。孙子即生活在春秋晚期。

显而易见地，诸侯国之间的扩张与反扩张、侵掠与反侵掠、兼并与自存就是这个时代的社会生活主题。这一主题就是孙子所要思考的对象，也是《孙子兵法》之创作的背景与出发点。自然，儒、道等家各有救治这一时期的混乱的方案，然而在战争才是国家生存与强盛的途径下，用"兵"则成为解决问题的现实方法。故《孙子兵法》开篇第一句即云：

孙子曰：兵者，国之大事，死生之地，存亡之道，不可不察也。

意思是：战争是国家的大事，战争是敌我拼搏生死的场所，是决定国家存在或灭亡的途径，所以对战争不可不研究。

由于孙子对用"兵"有精深的研究，并且构筑了一部有高深思想的著作，故被人称为"孙子"，"子"是古代对有道德、有修养、有思想的人的尊称。

相关链接
XIANGGUAN LIANJIE

　　《史记·孙子吴起列传》载，孙子以兵法见吴王阖闾，吴王说："子之十三篇，吾尽观之矣。"1972年山东临沂银雀山汉墓中出土了《孙子兵法》残简，并有《吴文》等佚文。今存本十三篇，分为：计、作战、谋功、形、势、虚实、军争、九变、行军、地形、九地、火攻、用间。该书总结了主要是春秋以来的作战经验，揭示了战争的一些重要规律。如"知己知彼，百战不殆"等，至今仍有重要科学价值。有英、

日、法、德、捷等译本，作为中华文明的一个丰硕成果，其智慧的光芒已成为人类的共同宝贵财产。后人整理《孙子兵法》为"三十六计"，这也几乎成了该书的代名词，其具体为"瞒天过海围魏救赵、借刀杀人、以逸待劳、趁火打劫、声东击西、无中生有、暗度陈仓、隔岸观火、笑里藏刀、李代桃僵、顺手牵羊、打草惊蛇、借尸还魂、调虎离山、欲擒故纵、抛砖引玉、釜底抽薪、浑水摸鱼、金蝉脱壳、关门捉贼、远交近攻、假道伐虢、偷梁换柱、指桑骂槐、假痴不癫、上屋抽

梯、树上开花、反客为主、美人计、空城计、反间计、苦肉计、连环计、走为上"。致使"三十六计走为上"已成为今日人们的口头语，这些大智之言的产生也离不开孙子所处的那个伟大的时代。春秋时代是中华文明的第一个辉煌时代，它的伟大在于孕育了中华伟大的文明，这个文明不仅惠及世世代代的中华儿女，更成为中华文明的重要标志，也使中华文明从一诞生起就具有了超强的吸引力和无穷的魅力，使它对周边少数民族及海外夷人都产生了积极的影响。在中华文明霞光的辉映下，中原王朝成为周边少数民族乃至中亚、南亚等邻国的朝圣中心，他们或借用或学习或创新产生了自己独特的语言、文字及其他文明。无疑华夏文明是一棵参天大树，他把一颗颗饱满而坚实的种子抛向空中，抛进黄河，使它们随风飘散，顺势而下，恩泽四方，也造就了中华文明的特质，极具包容性，极具广延性。《孙子兵法》作为中华文明中最灿烂的一笔，一直以来乃至终人类消亡都会以其远大的智慧被人类所学习并践行。

动荡不安的春秋

> 天下有道，则礼乐征伐自天子出，天
> 下无道，则礼乐征伐自诸侯出。
>
> ——《论语》

孙子出生在齐景公当政时期，齐景公自公元前547年继位，一直执政到公元前490年，历经58年，在生死存亡瞬间万变的年代，景公是个少有的长寿国君。

→ 晏婴

孙子的曾祖父陈无宇就是齐景公的上大夫，与无宇同殿称臣的还有一位春秋时期大大有名的人物——晏婴，他是齐国的相国。孙子的个人命运同他的家族

与晏婴的关系休戚相关。

晏婴之有名首先在于此人极富智谋，有雄才，是春秋时代著名的政治家，另外还由于他是个小个子，身高不足五尺。齐景公是个有抱负的君主，有志复兴齐桓公的霸业，齐国除了有晏婴这样的相国治理外，尚有三员勇将，他们是田开疆、公孙捷和古冶子，三人结为兄弟，自称"齐邦三杰"。景公在晏婴与"齐邦三杰"的辅佐下，齐国势力日益强大。"齐邦三杰"中的田开疆与陈氏是一族，其时陈无宇任上大夫职，无宇厚施财物与百姓，又劝告景公减轻百姓负担，所以陈无宇深得民心。而"齐邦三杰"自恃有功于国，又仰仗自己的勇猛，横行霸道，他们欺凌乡里，怠慢公卿，即便是在景公面前，也常常以你我相称，而不顾忌君臣的尊卑，全无礼数。然而景公惜爱他的才勇，也就姑息容忍了他们。在晏婴眼里，单凭陈无宇的声望已有夺国之势，如果来日无宇与三杰这两股势力合在一起，他们的力量就难控制了。所以晏婴深以为忧，感到他们是齐国的隐患。恰好不久的一天，鲁国的昭公想要与齐结盟，就亲自来齐拜访。齐景公设宴招待鲁昭公，晏婴主持了齐国一方的活动。席间晏婴建议取齐君果园中的"万寿金桃"为两君祝寿，"万寿金桃"被齐景公视为宝物，晏婴只摘了六个，景公与鲁昭公各食一个，后景公又赐鲁叔孙大夫与晏婴各一个，尚余二个桃。此时晏婴建议景公将所余二个赏给有功的大臣，景公于是传令诸臣有自信功深劳重的可前来食桃，其时三杰正立于阶下，公孙捷、古冶子先后登殿各言其功，晏婴分别给两人进酒赐桃，后田开疆又挺身而出，俱言其率兵征战之业绩，晏婴说："开疆之功，比于二将，更胜十倍。怎奈无桃可赐，只好赐酒一杯，以待来年。"景公也说："卿功最大，可惜言之太迟，以至无桃，真是掩盖了你的功劳。"田开疆按剑而言道："我跋涉千里之外，血战疆场，反倒不能食桃，受辱于两国君臣之间，为万代耻笑，还有何面目

← 孙子

立于朝廷之上？"言罢，挥剑自刎而死。看到这种情形，公孙捷认为自己功微而食桃，备感惭愧，于是亦拔剑自刎。古冶子则奋气大声呼道："我们三人义同骨肉，发誓同生死，今二人已亡，我若独自苟且活着，于心何安？"亦自刎而亡。面对此景，晏婴对客人说道，他们不过是一勇之夫而已，齐国身具将相之才的有数十人，若论血气之勇，则不知有多少人。齐景公听罢晏婴的话也便心下释然了。这段故事被人们称为晏婴二桃杀三士。晏婴利用计谋铲除了自己的一大敌对力量，自此以后陈氏家族与晏婴的矛盾也就更加尖

锐。后来陈氏家族又与人合谋欲反晏婴，但是行动未果而败露，这样陈家便无法再在齐国生活了。

大约孙子在20岁左右的时候，他逃离了齐国来到吴国，孙子的业绩就是在吴国开创的。

当时的吴国在吴王僚的统治下，国内局势动荡不安，在此形势下孙子认为无法施展自己的才能，就隐居起来，潜心研究并撰写兵法。恰在这个时候伍员也已经从楚国来到了吴国。伍员，字子胥，是春秋时期著名的将军，伍员之父伍奢是楚国太子健的太师，也就是师傅、老师，楚平王欲废太子健而立少子珍，于是先囚禁了伍奢，太子健出奔宋国。

伍员感到自己的家庭面临灭顶之灾，于是逃亡到了吴国。据说伍员生得身长一丈，腰大十围，两眉间宽一尺，目光如电，有扛鼎拔山之勇，经文纬武之才。似乎是上天的刻意安排，使得孙子与伍员同在一个君王的麾下施展才华，若无伍员，孙子的谋略之智将难以落实完成，若无孙子，伍员的超人之勇可能变得莽荡无矩。孙子与伍员的联手是智与勇的结合，二人的才华在联合中相得益彰，后来经俩人的奋斗，成就了吴王的霸业。

当时吴国局势动荡不安的原因也是出在王位的继承上面。原来吴王诸樊死后，王位应由诸樊之子公子光继承，然而吴王僚却自立为王。公子光心中不服，暗怀杀僚之意，然而朝中群臣皆为僚的同党，公子光无人与谋，只得将杀僚之意隐藏心中，并暗中寻访豪杰之士。再说伍员到吴国后，遇到吴国勇士专诸，二人结为八拜之交，伍员为兄，专诸为弟，其时专诸以杀猪为生。专诸向伍员介绍吴国情形，专诸认为："吴王好勇而骄，不如公子光亲贤下士，将来必有所成。"此后，伍员隐身吴国，每日里手执一管箫，吹于市中，往来乞食。

　　某日，伍员正吹箫过市，恰好被吴国管理集市的官吏被离碰到，被离惊讶伍员的非同常人的相貌，知是异人，被离谦逊地与伍员交谈，方知正是大名鼎鼎的伍员伍子胥。与此同时有人将消息禀告给了吴王僚，僚召被离引伍员入见，吴王僚很欣赏伍员，于是授予大夫之职，并答应出兵楚国为伍员复仇。公子光素闻伍员之名，有心收养他，于是劝谏吴王僚息去伐楚之举，伍员闻知，心中明了公子光的用意是不希望自己为吴王僚所用，于是辞去大夫职。之后，光私自拜见伍员，并赠送米粟布帛，表示非常钦佩伍员的本领，愿与伍员结交。伍员也知道光是成大业的人，于是向公子光推荐其结拜兄弟专诸。自此伍员与专诸投入公子光的门下，成了公子光的得力助手，公子光的大业也就从这二人这里开始了。

　　在吴王僚十二年时，吴国大军伐楚。吴王僚的亲信全部被派往前线作战，只留下公子光在国内，公子光见到国内空虚，自己复仇的机会已到，便与伍员、专诸商议，以专诸为刺客杀了吴王僚，公子光自立为王，号吴王阖闾。阖闾即位后，封伍员为"行人"，"行人"不属于吴王的臣子，因伍员是楚人，故阖闾仍以客人相待，而不让他做自己的臣民，但吴王尊封伍

← 伍子胥

员为行人，是要伍员参与谋划兴国之计。市吏被离因举荐伍员有功，被升大夫之职。其时又逢楚国诛其大臣郤宛、伯州犁，伯州犁之孙伯嚭逃亡到吴国，阖闾也任他为大夫。

吴王阖闾即位后，向伍员询问治国之策。阖闾说："吾国地处偏僻的东南，交通险阻、地势低下且潮湿，又有海潮之患，并且仓库不设，田地也不开垦，所以国家没有守御外敌的基础，百姓也没有强大国家的意志，无法在邻国中示威，可问我当如何治国？"伍员对曰："臣闻治民之道，在于安定富足百姓的生活，创建国家的各项事业。夫霸王之业，应当先从最起码最基本的工作入手，然后才可以有远谋，所以依臣所见当先建立城郭，设施守备工事，充实仓库，打制兵器，从而对内可以安定，对外可以应敌。"吴王阖闾认为伍员所言极是，便命伍员为其图谋，伍员协助吴王发展生产，积蓄粮食，建筑城市，制造武器，训练士兵。而阖闾本人也表现出了一个贤明君主的风范，在治理国家方面，他任贤使能，施恩行惠，以仁义闻于诸侯。在个人生活方面，他口不贪美味，耳不乐逸声，目不淫于色，身不怀于安，朝夕勤志，体恤百姓，闻听国内出了有善德之举就非常高兴，能得到一个有才之士就奖赏，自己有过必改，若有不善之举便心中不忍。

因为阖闾在吴国大得民心，国家的各项事业也呈现出日益昌盛的气象。

阖闾即位三年，也就是公元前512年，阖闾认为自己已具备出兵征战的力量，于是召伍员、伯嚭商议欲出兵征伐楚国。伍员认为楚是大国，伐之不易，吴王也忧虑楚国兵多将广，于是伍员便向吴王阖闾推荐了孙子，伍员对阖闾说："此人精通韬略，有鬼神不测之机，天地包藏之妙，自著《兵法》十三篇，世人莫知其能，今隐居在吴。如果能得此人为军师，则天下莫敌，何况楚国。"阖闾听从伍员的建议，让伍员带着重金，以庄重的礼节聘请孙子，孙子见吴王对自己的礼遇与诚意，便随伍员出山，从此开始了他在吴国的功业。

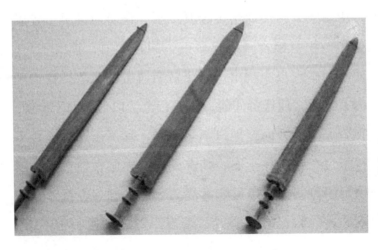

← 春秋时的兵器

　　晏婴"二桃杀三士"就是用的"借刀杀人"的计策。春秋是一个新旧制度交替时期，思想文化界也活跃有加，有人为旧制度的衰败唱挽歌，也有人却为新的制度的产生而激动呐喊，这种矛盾冲突造就了道家学派视为宗祖的老子和儒家学派的代表人物孔子，因他们的努力为我们留下了重要的典籍和文学作品，另外还产生了一代名医扁鹊。春秋时期是从公元前770年至公元前476年，之所以称春秋，来源于据说是孔子编定的一部鲁国编年体史书——《春秋》。《春秋》所叙述的历史时代和这个时代历史基本相同。该时代是奴隶制向封建制转变的重要时期，最突出特点是周天子势率。西周以来的各种制度土崩瓦解，诸侯、卿大夫、士的依次兴起和新的君主官僚制度产生。平王东迁后，不仅王畿大大缩小，直接导致军队数量锐减，虽名义上仍是共主，实则降为一个普通诸侯，完全失去了控制诸侯的能力。原本巡狩是周天子显示权威的重要手段，但巡狩制度的破坏，因天子巡狩而建立的设施也就人去楼空。如郑国在鲁国境内有一助天子祭泰山之汤沐邑叫祊，因天子不再巡狩和祭祀泰山而闲置，于是郑国就请求以祊田换鲁国在郑国境内的朝宿之邑许田。因为春秋时期朝聘制度不复存在，所以为鲁国朝见天子所设的朝宿之邑许田也失去了意义。即能各从其便，大家便心照不宣交换了。老虎不在家，猴子称大王，周家天子大厦将倾，各

← 阖闾

诸侯也就个怀心腹事了。更有甚者，天子还要经常派大夫朝聘诸侯，如周桓王在位的23年中竟曾5聘于鲁国；公元前632年城濮之战后，晋文公会诸侯于温（今河南温县西南），并把名为天子的周襄王也召了去，以诸侯之礼相见，无疑是戏天子以令诸侯。对于诸侯不行朝聘之礼，周天子自然气氛异常，但又无可奈何。《左传·桓公五年》载，郑伯不朝，周桓王亲率诸侯之师伐郑，一开战，桓公率领的蔡、卫、陈等国的军队就纷纷逃窜，王军大败，桓王也被射中了肩膀。又如西周时天子死了要举行隆重的葬礼，各地诸侯都去参加葬礼，史称"天子七月而葬，同轨毕至"。但春秋是天子死后无人再去参加葬礼，天子也不再告诉诸侯，这就是孔子说的礼崩乐坏。周天子在经济方面的困境更让人可怜。周平王死后，继位的周桓王筹措不出丧葬费，只得向诸侯求援。经济上的窘境使周天子顾不得传统礼节，被迫向诸侯求车、求金。在新的权力形成过程中，各诸侯国之间的争霸斗争和各诸侯国内部卿大夫的专权运动十分突出，而推动这些重大变化发生的主要原因是生产力的发展。

初试锋芒露峥嵘

> 士不可以不弘毅，
> 君子任重而道远
> ——《论语》

　　说话伍员携同孙子出山拜见吴王阖闾。阖闾闻听孙子已到，亲自步下大殿台阶，迎孙子入内，赐座后便问以兵法。孙子时年刚刚20多岁，然而他的思想却已至精深玄妙之境地。孙子将其所著兵法一篇篇呈上，这十三篇是：

　　计篇第一，作战篇第二，谋攻篇第三，形篇第四，势篇第五，虚实篇第六，军争篇第七，九变篇第八，行军篇第九，地形篇第十，九地篇第十一，火攻篇第十二，用间篇第十三。

　　阖闾从未见过如此深刻的军事思想，每读罢一篇，都情不自禁地惊奇、赞叹。看完整部兵法后，阖闾对

伍员说："观此《兵法》，真通天彻地之才也。但恨寡人国小兵微，如何可行呢？"

孙子回答说："臣之《兵法》，不但可施行于军队，即使妇人女子，奉我军令，我亦可以驱而用之。"

阖闾听罢，鼓掌而笑说："先生之言，真是太迂阔了！天下岂有妇人女子，可使她们操戈习战呢？"

孙子道："王如果认为臣之所言为迂阔，请将后宫女侍，让臣试之。令如不行，我甘受欺君之罪。"

阖闾于是召宫中美女一百八十名，令孙子操演。

孙子又说："得让大王宠姬二人，作为队长，然后号令

才能统一起来。"阖闾又召宠姬二人来到面前，这二姬名左姬与右姬，吴王对孙子说："她们二人为寡人所爱，可充队长吗？"

孙子答道："可以。然而请大王明白，既然是军旅之事，先要严明号令，每个人必须遵守，次则行赏罚，虽然小试，但是规矩不可废。另外，我要立一人为执法，立二人为军吏，主管传谕之事，立二人值鼓，还有力士数人充当牙将，他们执着兵器，排列于坛上，以壮军容。"吴王满足了孙子的要求，在军队中选出了几人充当孙子所要人员。

之后，孙子吩咐宫女，分为左右二队，右姬管辖右队，左姬管辖左队，宫女们每人都身披盔甲，手执兵器。一切准备完毕，孙子对宫女们宣示了军法：一不许混乱队伍，二不许言语喧哗，三不许故意违犯纪律。明日都聚集到教场听候操练，请大王登台观看。

次日，宫女二队，聚到教场，一个个右手操剑，左手握盾。二姬则顶盔束甲，充作将官，分立两边伺候孙子升帐。孙子在教场中央划下线条，布成阵势。然后孙子让传谕官将二面黄旗，分授二姬，令二姬执旗在前面为引导，众宫女跟随队长之后，排成阵势。孙子要求她们步伐一致，随鼓声进退，左右回旋，寸步不乱。传谕已毕，令二队伏地听令。

　　过一会儿，孙子下令："闻鼓声一通，两队齐起；闻鼓声二通，左队右转，右队左转；闻鼓声三通，每人挺剑作战斗之势。听到鸣金，收队而退。"众宫女听罢都掩口嬉笑。

　　值鼓军卒禀告："鸣鼓一通。"然而众宫女有的站

起，有的坐着，参差不齐，好像是一个有趣的游戏，然后，一个个嬉笑不止。若是吴王饮酒欢宴，这场面倒是够份了。孙子见状离席而起曰："约束不明，号令不清，这是将的罪过。"然后命军吏重申一遍军令。

值鼓军卒又一次鸣鼓，此次宫女们都从地上站了起来，但是东倒西歪，嬉笑如故。见此情景孙子亲自击鼓，又重申军令。无奈第三遍鼓声过后，二姬与宫女更是捧腹大笑。

孙子大怒，传唤："执法何在？"执法者上前，孙子说："约束不明，号令不清，是将的罪过。现在已经再三重申，而士卒仍不听命，这是士卒的罪过，于军法当如何惩处？"执法说："当斩。"孙子

孙武也就是孙子，字长卿，后人又尊称孙武子，齐国乐安人，汉族。

公元前552年，即孔子出生的前一年，在齐国都城临淄以北的莒邑（今山东广饶县境内，与乐安邑为同一地面），诞生了一位伟大的军事家和军事理论家。他就是被后世并称为山东文武两圣人之一的武圣，也称"兵圣"——孙武。

说："士卒难以尽诛，罪在队长。"于是命军吏斩左右队长。孙子之意是在杀一儆百以立军纪，军吏不敢违令，便将左右队长绑缚起来。

吴王阖闾正在台上观看孙子操演，忽见绑了他的两个宠姬，大为惊骇，急忙派使者下令说："寡人已知将军能用兵了。寡人若无此二姬，食不甘味，但愿勿斩。"孙子说："军中无戏言。臣已受命为将，将在军，君命有所不受。若遵君命而释有罪之人，何以服众？"随即斩两个队长严肃军纪。孙子在队中又选二人，任左右队长。孙子再一次传令击鼓，二队宫

女一鼓起立，二鼓旋行，三鼓合战，鸣金收兵。左右进退，回旋往来，无不中规中矩，毫发不差，自始至终，场上寂然无声。

孙子汇报吴王："兵已整齐，请大王观看，这二队宫女惟王君是从，即使赴汤蹈火，她们也不敢退避。"

吴王因失去二宠姬，心中甚是不快，遂有不用孙子之意，吴王道："将军先请回舍休息，寡人不愿观看了。"伍员看到吴王如此态度；便上前说道："臣闻，兵者，凶器也，不可轻举妄动。如果当诛不诛，当杀不杀，则军令不行。大王想要征伐楚而称霸天下，所思慕良将，然而将军的才能正是果断与勇气，若不任孙子为将，谁能远涉千里而征战呢？况且美色易得，良将难求，若因二姬而弃一贤将，何异于爱莠草而弃嘉禾呢？"

孙子知道刚才斩二姬触怒了阖闾，于是也来到阖闾面前，说道："用兵之道已经得到了。在军中无论贵贱、长幼、亲疏，平时都熟悉这种教规，作为绝对的命令，这是做将军的办法。用兵莫贵于威，三军信从将军之威，就一定能克敌制胜。"

阖闾通过先前阅读兵法，又观看了宫女的训练，刚才又听了伍员与孙子二人阐述了治军的道理，已经深深地认识到孙子的才能，于是封孙子为上将军，号

为军师。

　　孙子以宫女为对象进行军事演练，超乎了常人所想，因为宫女们的日常生活习惯是最不具备军事化的，其实这里有一个组织的问题。孙子在他的《兵法》中已经阐述了这个道理：管理大部队，如同管理小部队一样，这是由于组织得好。指挥大部队作战，如同指挥小部队作战一样，这是由于有规定好了的信号来指挥。孙子在演练宫女的活动中，是通过立"威"来保证组织的成功，立威不是目的，只不过是组织军队的一种手段而已，对于一支军队来说，在战斗中形成一个有组织的系统才具备战斗力。《孙子兵法》讲，在战斗中旌旗纷纷，人马纭纭，在混乱的战斗中作战，应当使军队不混乱；战车转动，军卒奔驰，在迷蒙不清的情况下打仗，要部署得各方面都能对付可能发生的情况。良好的组织是对敌的前提，失去了自身的组织，必定会被敌人所败，这无疑是自己打败了自己。至于出动力量，与敌交锋，则应是"治军"之后的事情了。自然，在实际的军事征战中，尚须明白天、地、人等多方面的道理，才能有效地组织起军队的战斗力。比如，兵卒的心理，被包围就会抵抗，迫不得已就会战斗，陷入十分危险的境地，就会听从指挥。这是《兵法》中"地篇"所讲的战斗规律，用现代的科学术语

讲，这属于"心理学"方面的研究。实际上，精神与
心理主宰着军队中士兵的行动，所以"治军"应先从
士兵的精神与心理方面的调教入手。故《兵法》说：
"人情之理，不可不察。"这一道理的典型实例，就是
孙子本人对宫女的训练，他能将最缺乏军事化素质的
宫女训练成能为吴王赴汤蹈火的士兵，可见孙子在军
事理论上的精深认识。

关于孙子训练宫女的这一段令人拍案惊奇的故事，
前人有诗赞曰：

强兵争霸业，试武耀军容。

尽出娇娥辈，犹如战斗雄。

戈挥罗袖卷，甲映粉颜红。

掩笑分旗下，含羞立队中。

闻声趋必肃，违令法难通。

已借妖姬首，方知上将风。

驱驰赴汤火，百战保成功。

XIANGGUAN LIANJIE

　　吴王阖闾重用孙子，且孙子演兵杀了两个自己的宠姬而不杀孙子还重用他也是形势所迫，不得已而为之。

　　当时一些大的诸侯国俨然以天子自居，充当一些小国的保护伞和盟主，使用天子之礼，并接受小国的朝聘和进贡。《左传·襄公二十九年》载"鲁之于晋也，职贡不乏，玩好时至，公卿大夫相继于朝，史不绝书，府无虚月"。即便这样，晋国仍想削弱鲁国以增强杞国。事实上，在此以前，晋国已经把虞、虢、焦、滑、霍、杨、韩、魏这

些同姓小国灭掉了，而扩大了自己的疆域。在齐国的威逼下，鲁国国君不断到齐国去朝聘，也是比年一小聘，三年一大聘，五年一朝，如同当年对待周天子一样。而鲁国虽受齐国欺负，却又是自己地方的一个大盟主，一些更小的国家把鲁国当成大国来朝聘，如鲁隐公十一年，滕侯、薛侯

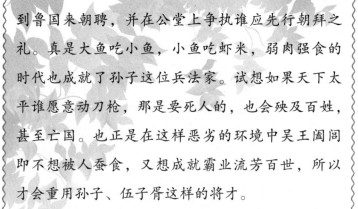

到鲁国来朝聘，并在公堂上争执谁应先行朝拜之礼。真是大鱼吃小鱼，小鱼吃虾米，弱肉强食的时代也成就了孙子这位兵法家。试想如果天下太平谁愿意动刀枪，那是要死人的，也会殃及百姓，甚至亡国。也正是在这样恶劣的环境中吴王阖闾即不想被人蚕食，又想成就霸业流芳百世，所以才会重用孙子、伍子胥这样的将才。

西周时有封国数百，到春秋时由于彼此兼并及其他原因，只剩下100多个，其中最活跃的是齐、鲁、晋、楚、宋、卫、秦、吴、越、陈、曹、蔡、郑、燕、许、申等十余国，阖闾自己即是吴国，列于其中，对周围列国的情况不可能听而不闻，而这十余国有的打着"尊王攘夷"的旗号，有的则赤裸上阵，积极运用武力展开争霸斗争。遂形成了"春秋五霸"，即齐桓公、晋文公、楚庄王、吴王阖闾、越王勾践。

争霸的过程是惨烈的，其结局却是积极的，使中国最终向大一统发展。首先起来争霸的齐桓公，西周时期，齐是东方大国，这里历来政治清明，工商业发达，且濒临大海，有鱼盐之利，故具称霸实力。齐桓公任用管仲为相，进行了改革，整顿城乡，发展军备，改革税制，齐国便强大起来。于是齐桓公率先讨伐鲁国，但被鲁将曹刿打败，三年后鲁国又和齐国重修旧好。次年，齐桓公又瞄准了更弱小的陈宋国，大兵压境下陈宋国屈服。这些军事事件促使吴国将国防军事置于重要地位。

孙子的很多军事用法也被后人所关注模仿。

春秋列国普遍使用戈、戟、矛等长兵器，有的竹木柄长达3米。

养精蓄锐兴吴国

尺蛄又崔之屈，以求信也；
龙蛇之蛰，以存身也。
　　　　　　——《周易》

孙子被任吴将后，阖闾随即责成他谋划伐楚之事。

伍员与孙子商议，问孙子道："兵从何方而进？"

孙子说："大凡行兵之法，先除内患，然后方可外征。

我听说僚的弟弟掩余现在徐国，烛庸在钟吾，二人俱怀报怨之心。今日进兵，宜先除二公子，然后南下伐楚。"孙子之意事出有因，却原来吴王僚伐楚的时候，他的弟弟掩余、烛庸也都率兵征战在外，后阖闾杀僚自立，掩余、烛

庸二公子再也无法回
到吴国，公子掩余奔
徐，烛庸奔钟吾。所
以孙子认为掩余与烛
庸对阖闾有丧国之
恨，吴国的首要敌人
应是他们兄弟俩，伍
员认为孙子分析得有
道理。

兵聖孫武

主编 张万春 王廷文

　　阖闾听过禀奏后
认为此事容易办到，
他说："徐国与钟吾都是小国，只要我派遣使臣前往抓
捕即可，谅他们不敢不从。"于是乃遣二位使臣，一往
徐国取掩余，一往钟吾取烛庸。不料徐国国君不忍掩
余被杀，暗地里派人让掩余逃去。掩余逃到半路上遇
到了烛庸也从钟吾逃出，二人商议认为应逃往楚国，
一来楚国是可以抵抗吴国的大国，二来吴楚二国有仇。

　　其时楚国是昭王当政，楚昭王闻听掩余与烛庸二
人已投奔楚国，心中暗喜。两国交锋，若敌方人员来
降，无疑是敌方力量的削弱，己方力量的增强。楚昭
王对臣下说："二公子怨吴必深，宜在他们穷途末路之
时结交他们。"于是让他们居身于楚国管辖的舒城，并

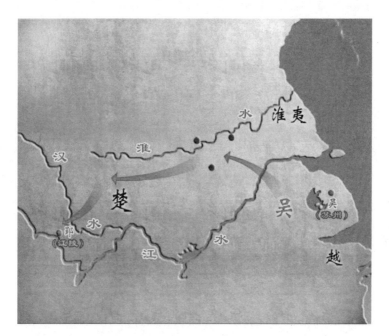

让他们在此练兵以抗御吴国。

阖闾见徐与钟吾竟然违抗他的命令而不从，不禁大怒，他令孙子率兵伐徐，徐国自然无力抵抗吴国的进攻，于是被灭，徐国国君同样也逃亡到了楚国。随后孙子又灭了钟吾，并杀其国君。接着孙子又领吴国军队攻破舒城，杀掉了掩余与烛庸。

此时吴国阖闾看到吴军一灭徐国，二灭钟吾，三破舒城，不仅头脑发热，想要乘胜一举之下攻入楚国都城郢城。孙子却认为这三次战役吴国取胜，但并不说明吴国的力量已足够强大，他劝阻道："民劳，未可，待之。"也就是吴国经过一番军事行动，国家百姓

在物力精力上已经有所消耗疲劳，现在不可再有大的举动，而要自己休养积蓄，等待时机。阖闾于是决定班师回国。进而伍员献谋曰："凡以寡胜众，以弱胜强者，必定先要明白劳逸的道理。为今之计，吴国应动用三个师对楚国进行轮番袭击，以扰楚国。只要我出一师，楚必全军出而应战，彼出则我归，彼归则我出，如此可使楚兵疲惫不堪，然后再突然发动攻击，必然取得胜利。"阖闾听从此计，分出三支军队，轮番出击，扰楚国边境，楚军陷入了孙子与伍员的圈套中，难以应付。就这样双方的较量持续了几年，在这期间楚军的力量不断消耗，反而吴国则付出很小代价，仅派出了三支军队，另外阖闾在国内从政治、经济、军

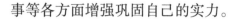
事等各方面增强巩固自己的实力。

　　在吴国与楚国的初步交锋中，吴国所采取的就是孙子在其《兵法》中所提出的"佚而劳之"的策略。《孙子兵法》的第一篇"计篇"中说：

　　　用兵是一种诡诈的行为。所以，能打，装作不能打；要打，装作不能打。要向近处，装作要向远处；要向远处，装作要向近处。敌人贪利，就用小利去引诱它；敌人已经混乱，就要乘机攻取它。所谓"利而诱之，乱而取之"。敌人力量充实，就要防备它；敌人兵力占优势，就要避免决战。所谓"实而备之，强而避

之"。敌人激怒，就要显得屈服、卑辞示弱，使敌人骄傲。所谓"怒而挠之，卑而骄之"。敌人休整得好，要设法疲劳它，敌人内部和睦，要设法离间它。所谓"佚而劳之，亲而离之"。"攻其不备，出其不意"，这是军事家取胜的奥秘；当然这是根据随时变化的情况，临时应变，不能事先规定的。

凡是未开战之前预计可以打胜仗的，是因为胜利的条件充分；未开战之前预计不能打胜仗的，是因为胜利的条件不充分。所以"多算胜，少算不胜，而况无算乎？"也就是条件充分的能胜利，不充分的不能胜利，何况毫无条件呢？根据这些来看，胜败就可以知道了。

《孙子兵法》在这里所讲的"多算""少算"与"无算"，指的是战争之先的条件的准备情况。在吴王想要直入楚国，与楚展开全面决战的时候，孙子认为吴国尚未有充分的作战条件，也就是"少算"。后来他的"佚而劳之"的策略，实际上就是在吴与楚之间进行力量的增强与削弱的准备，对吴国来讲也就是战胜楚国的条件的准备。

在上面所阐述的这些道理之前，孙子尚对战争的基本要素做了扼要的概括。《计篇》的首句即对战争的实质做出精僻的总结，他认为："兵者，国之大事，死生之地，存亡之道，不可不察也。"紧接着他又论述了决定战争胜败的基本因素。《计篇》说：

　　所以，要用五项（也就是决定战争胜败的基本因素）为经，把敌对双方的优劣条件的估计做比较，来探索战争胜负的情势，这些主要条件是：一政治（道），二天时（天），三地利（地），四将帅（将），五法制（法）。政治，是讲要使民众与君主的愿望一致，可以叫他们为君主死，为君主生，而不敢违抗。天时，是指

兵圣孙子

天气情况，风雨雷电、冰雪大雾皆为可利用之时；地利，是讲高山洼地、远途近路、险要平坦、广阔狭窄、死地生地等地形条件。将帅，是讲才智、诚信、仁慈、勇敢、威严等条件。法制是讲部队的组织编制、指挥信号的规定，将吏的职责，粮道和军需军械的管理等的情况与制度能否严格执行。凡属这五方面情况，将帅都不能不知道。凡了解这些情况的就能胜利，不了解的就不能胜利。所以要估计比较敌对双方的优劣条件，来把握战争胜负的趋势。要看：哪一方君主的政治开明；哪一方将帅的指挥高明；哪一方天时地利有利；哪一方法令能贯彻执行；哪一方的武器装备精良；哪一方的兵卒训练有素；哪一方的赏罚公正严明，我们根据这些，就可以判断谁胜谁败了。

　　孙子对他自己关于战略的基本规律的认识和理论十分自信，所以《计篇》在阐述完上面那一段话后，接着道："如果能听从我的计谋，用我指挥作战，一定能胜利，我也就会继续留在这里。如果不能听从我的计谋，虽用我指挥作战，一定会失败，就告辞而去。"孙子这番话主要是说给吴王听的。孙子自齐国逃亡到

吴国后，在其隐居之地写成《兵法》，他是想在吴国开创其功业的，所以当阖闾召他时，他便带着这部兵法晋见阖闾。故此我们在《孙子兵法》的第一篇就见识到了孙子的自信与自尊，我们不妨把孙子的自信与自尊，看成是孙子对自己理论的评介。

可喜的是，吴王阖闾不愧为一个开明君主，他不仅任孙子为将，让他指挥军队，而且也听从了孙子的计谋，并没有按照自己的意愿一意孤行。这就是阖闾能成其霸业之道。其实阖闾的成功，无疑是对孙子理论的一个证明，我们刚刚领略到的孙子关于决定战争胜负的基本要素的理论中，第一项要素就是政治，即王者之道。阖闾作为一国之君，他的主要责任就是能否实施开明政治。自然，推行王者之道尚有其他方面的内容，我们可在下一章见到。

上面所介绍的二段孙子关于战争规律的理论，就是《孙子兵法》第一篇《计篇》的基本内容。"计"是计算、估计的意思，指战争未发之时对敌我双方的政治、经济等各方面条件的估计和对比，通过这样的估计和对比，做出胜败的推断。显然，要想达到这个目的，首先需要对战争的基本规律有清楚的认识。《计篇》阐述的内容有"五事"，"七计"和战略指导上的若干主要原则。"五事"，也就是决定战争胜负的五项基本要素，即"道、天、地、将、法。""七计"是"主孰有道将孰有能天地孰得法令孰行兵众孰强士卒孰练赏罚孰明""七计"是"五事"的引申，或者说是"五事"的具体展开，它的实质就是关于敌对双方在这方面的优劣条件的比较。因为在战前敌我双方优劣条件不可能有准确的计算，所以只能属于推断、估计性质。至于战略上的主要指导原则即是"兵者，诡道也"以下的内容，如"攻其无备，出其不意"已成为人们所熟知的策略了，这一句话也成了妇孺皆知的成语了。

相关链接
XIANGGUAN LIANJIE

俗话说"时势造英雄"，这话用于刀光剑影的春秋时代是最恰当不过了。以前说过，孙子兵法确切地说是孙子之前的战争实例给后人留下的思索。孙子首先是一位学者，认真收集资料，认真整理，理出头绪，理出脉络，总结经验，升华理论。《孙子兵法》是毛泽东"游击战"理论的来源，"敌进我退，敌驻我扰，敌疲我打，敌退我追"这几句话看似简单，却蕴含着高深的哲理和中华军事思想的精华。

《史记·卷64·司马穰苴列传》记述了另一位军事家司马穰苴。

在司马迁做《史记》时，将其列于孙子之前一章。该书成于齐威王时期，齐威王让大夫追论古者《司马兵法》而附穰苴于其中，因号曰《司马穰苴兵法》。

司马穰苴

司马穰苴是田完的后代，齐景公时，晋国伐齐国之阿城、甄城，而燕国也侵略齐之河上地区，齐国都被打败。齐景公很着急，俗语说"千军易得，一将难求"决定招贤纳士，晏婴举荐了司马穰苴，说他"虽为平民，然其人文能附众，武能威敌，愿君试之"。景公于是接见穰苴，畅谈军事，景公很赏识他的才华，授为将军，命他派兵驱赶燕国与晋国的来犯之敌。但司马穰苴很有自知之明，向景公提了一个条件，说："臣素卑贱，国君提拔我入伍营之中，且在大夫之上，士卒未附，百姓不信，人微权轻，愿得君之宠臣，国之所尊，以为监军，乃可。"景公哈哈大笑，准许了他的请求，派宠臣庄贾同穰苴一同前往作为监军。这是穰苴害怕人家不听他的，就把国王身边的宠臣请来壮声势，拉大旗，做虎皮，狐假虎威。那庄贾也欣然前往，一是国王信得着，二又可抖抖威风。二人谢了恩，司马穰苴走前同庄贾约定"旦日日中会于军门。"之后司马穰苴就一个人先去了军队，等待庄贾。哪知道这庄贾平日里杖着自己是国王面前的红人，娇贵惯了，并不急着去军中，一些溜须拍马之徒也正好献殷勤送行，亲戚、手下、同僚是一天酒不离口，人生得意之时，把酒问青天。不小心就过了与司马穰苴约定的时间，定的是中午，到太阳块落山了才醉醺醺地飘来，此时的司马穰苴早已将与庄贾的约定通知众军士，大家打中午就列队准备相迎，这时才来，能不气吗？司马穰苴虎着脸问庄贾："为何来迟？"这时按平常最会察言观色的本事，庄贾应该能看出眉眼高低来，可他仗着是国王的宠臣，傲慢地说："大夫、亲戚们非要送行，推不开。"穰苴正色道："将受命之日则忘其家，临军约束则忘其亲，战鼓一响则忘其身。今敌国深侵我国土，邦内骚动，士卒陈兵于边境之上，国君寝不安席，食不甘味，因为百姓之命都悬于国君之手，你还有心喝送行酒?"于是对军法官喝道:"未按时到军队该如何处置?"军法官回答说:"当斩!"庄贾这时酒完全醒了,忙打发人跑回去向主子求救,可已经晚了,庄贾被斩于军前用于徇三军。这一下,三军将士无不心惊胆寒,等国王的使者飞车闯进营中时,看到的只是庄贾的尸体,穰苴庄严地说道:"将在军,君令有所不受!"又文军法官"营中禁止车马飞驰,刚刚使者车马飞驰,该如何处置?"军法官说:"当斩!"这次穰苴没有杀使者,而只是杀了车上的仆人,杀了左边驾车的马,毁掉车左立木。

军法如山,治军必严,而穰苴对士兵又情同手足,把自己的粮食分给士兵吃,而自己要求同吃的最少的士兵吃同等的量。三日后发兵,连生着病的士兵都请求同行,争抢着为其赴汤蹈火,这样的军队,战斗力可想而知。晋军听说来了这样的军队,面都不照撒腿先跑了,燕军听了也都度水逃跑,司马穰苴挥剑追击,一举收复失地。班师凯旋后,司马穰苴晋升为大司马,连姓田的都跟着荣耀了。

天下大势论短长

知常曰明，不知常，妄作，凶。
——《老子》

　　经过孙子与伍员等人几年的筹划与努力，吴国的势力日益增强与稳固。在此期间孙子的才识也更加受到阖闾的赏识，阖闾不仅在军事方面得到孙子的辅助，而且治国的许多方略也都出自孙子的思想，孙子的成就在于他对各种形势的惊人的洞察力和超出常人的见识。

　　春秋末期，有吴、楚、齐、越、宋、晋、燕、秦等几个强国构成了一幅往来不已的交战图景，局面错综复杂。要想在这样的处境中求得生存，做出准确的形势判断就显得难能可贵，所以像《孙子兵法》这样世所罕见的成系统的、有理论的关于胜负之争的著作，其价值可以说无法估量，孙子和他的《兵法》能为吴王阖闾所得，可说是阖闾的福分。

　　我们先领略一下孙子对阖闾关于晋国形势的分析。

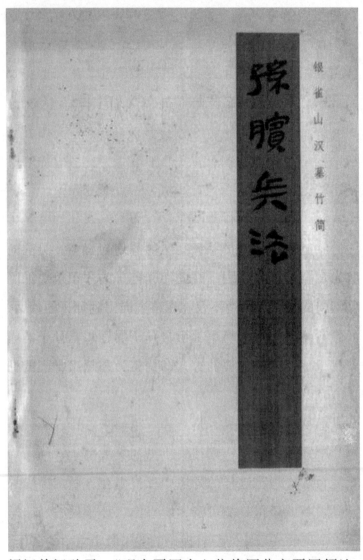

银雀山汉墓竹简

孙膑兵法

阖闾曾问孙子："现今晋国有六位将军分守晋国领地，这六位将军中哪一个先亡，哪一个能最终独霸成功？"

孙子不假思索即答道："范氏和中行氏先亡，智氏次之，韩氏和魏氏又次之。最后因赵氏不失其故法，晋国将归它所有。"阖闾见孙子脱口而出，回答得如此干脆，不禁随之又问："能说说其中的缘故吗?"

孙子对吴王侃侃而谈道："晋国的情况是这样的：范氏、中行制田地，以人十步为畹，一百六十步为亩，

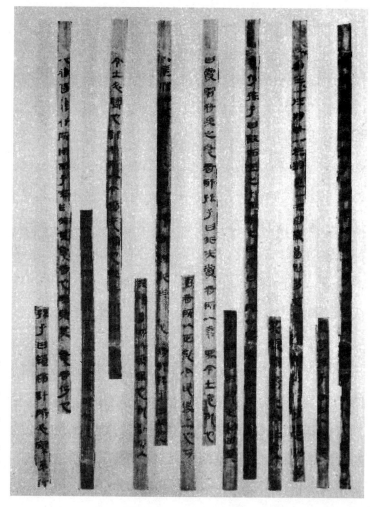

→出土的孙子兵法竹简

而每伍分便征一税，税利很高。他们的田亩狭小，而官吏很多，又是伍分税一，则公家富。公家富而官吏多，结果是主子骄横，臣下奢侈，喜好功名而经常发动战争，所以说他们将首先灭亡。至于智氏，他们制田，以九十步为畹，一百八十步为一亩，仍然是伍分税一。虽然智氏比范氏和中行氏稍好，但仍然是田亩狭小而官吏众多，其弊病仍较严重，故在范、中行氏而后灭亡。再说韩氏与魏氏，他们制田则以百步为畹，以一百二十步为亩，也是伍分税一，田亩还是较小而官吏众多，百姓的负担仍是很重，弊病仍然严重，故韩氏与魏氏应在智氏后而亡。最后是赵氏，赵氏制田，以百二十步为畹，以二百四十步为亩，而不征东税。这样公家贫，百姓富，而官吏又少。结果主子与臣下都比较收敛，不像别人奢侈骄横，同时又驾驭着富足的民众，因而成为强固之国。由此而论，晋国将归赵氏了。"

孙子的这一段分析议论，是从晋国六位将军的制田、税收、官吏和民众等方面着眼的，从他们最终的结果看是存与亡的差别，但是这个差别的背后有其更深层的基础。所以也可以说当两国交战时所造成的胜与败的结局，可看成是两国国内治理情形的集中体现。孙子的分析显示了他在政治上的远见卓识。

　　所以，听罢孙子的这一番高见，阖闾连连称善，并感慨地说："王者的成功之道，就在于厚爱他的人民。"春秋战国时期的历史，启示给我们这样的观点，一国最后取得胜利在于它的统治的开明，与经济的发达。战国后秦能兼并六国统一中国凭借的就是它的强大的政治与经济力量作后盾与基础。阖闾受到孙子的启发，在他的统治期间努力实践厚爱人民的"王者之道"。当时的阖闾吃饭不求二味，也就是不贪求山珍海味、菜肴丰盛，座席只要单层，居室不筑高坛，器物不雕花纹，宫室不造楼台，舟车不加装饰，礼服只取粗厚，财用绝不浪费。而且每逢遇到水旱之灾、流行病疫，他总是巡回慰问孤寡老人，救济贫困的灾民。

在军队里，饭熟了必先分给军士然后自己才吃，尝到什么好吃的东西，车上的甲士和车下的步卒都能分享。他辛勤地体恤人民，同他们一样地劳作休息，所以人民不感到疲劳，直到身死也不废弃他们的工作。

阖闾的行为举止描绘出了一幅贤君明主的画面，正如许多君主一样，在他们的创业阶段都能做到克己自律，休恤下士，然而一旦他们功成名就便飞扬跋扈，唯我独尊，只求个人的享受了。无疑，阖闾在这一时期的王者之风为他日后的成功奠定了基础。

孙子作为一个军事家，深深懂得军队与国家的关系，战争的胜负与经济强弱的关系，一切大规模的作战，必须先筹划充足的费用、物资。所以《孙子兵法》对进攻作战主张速胜而反对持久。且看《孙子兵法》关于军队对国家的政治经济依赖和影响关系的精彩论述。"作战篇第二"说：

> 凡用兵作战的一般规律，要动用轻车千辆，重车千辆，步卒十万，还要向千里之外运输粮食，那么前方后方的经费，招待国宾使节的用度，胶漆器材的补充，车辆盔甲的补修，每天要开支"千金"，然后十万军队才能出动。用这样的军队去作战，就要求速胜，持久就

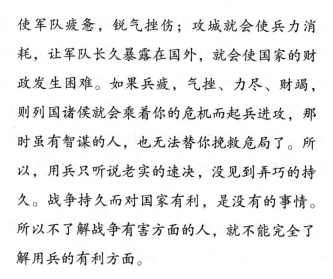

使军队疲惫，锐气挫伤；攻城就会使兵力消耗，让军队长久暴露在国外，就会使国家的财政发生困难。如果兵疲，气挫、力尽、财竭，则列国诸侯就会乘着你的危机而起兵进攻，那时虽有智谋的人，也无法替你挽救危局了。所以，用兵只听说老实的速决，没见到弄巧的持久。战争持久而对国家有利，是没有的事情。所以不了解战争有害方面的人，就不能完全了解用兵的有利方面。

　　孙子很辩证地剖析了战争，它不仅有利，而且也有害，显然通过战争可以掠取敌人的土地、人口、粮食，以加强自身的实力，春秋战国时期的列强无不想通过战争来争霸，不幸的是许多国家仅仅看到了由胜利所带来的好处，却没有认识到战争同时具有的害处。事实上许多国家都是由于战争而造成国内空虚、财政枯竭而被人所灭。阖闾的夺位不也正是利用吴王僚出兵楚国而造成国内空虚的结果吗？

　　"作战篇"接着道：善于用兵的人，兵员不征集两次，粮草不运输三回；军需自国内取用，粮草就敌国征集，所以军队的粮草就保证足食了。

　　国家之所以会因军队出动而贫穷的，就是因为远

道运输，百姓家属都要贫困；在军队相对集中的区域，东西就会涨价，东西涨价，就会使得百官及其家属感到威胁；国家因财富枯竭，就急于增加赋役；国力耗尽、财富枯竭，国内家家空虚。百姓的财产要耗去十分之七；公室的耗费，车辆损坏，马匹疲惫，盔甲、弓箭、戟盾以及运输用的牛和大车，也要损失十分之六。

所以，聪明的将帅务求就粮于敌国。吃敌粮一"钟"，抵得上本国的二十"钟"；用草料一"石"，抵得上本国的二十"石"。

要使军队勇敢杀敌，就要激励部队；要使军队勇于夺取敌人的物资，就要奖赏士兵。在车战中，凡缴获战车十辆以上的，就奖励首先夺得战车的人，并且把车上敌人的旗帜换成自己的旗帜，派出自己的士兵和俘虏来的士兵夹杂乘坐；对俘虏来的兵卒要优待和供养他们。这就是所谓越战胜敌人也可越加壮大自己。

所以，用兵利于速胜，不利于持久。所谓"兵贵胜，不贵久"。

所以，懂得用兵的将帅，是民众的"司命"，国家安危的主宰。所谓"知兵之将，民之司命，国家安危之主也"。司命也就是主宰的意思。

孙子把将帅看成是民众的"司命"，国家的主宰，

→春秋时期青铜盔

正是因为军队的活动对国家的政治、经济有极大的影响力，它可以壮大自己，也可以使兵疲、气挫、力尽、官民贫困、财富枯竭。由此可知，一个将帅对他的国家所担负的责任和义务。

孙子的思想告诉我们这样一个道理，取得胜利并

不是最终目的，因为胜利与失败实质上关联着的是国家的利益，国家利益是评介战争胜负的最终尺度。

战争的最终目的是付出最小的代价，获得最大的利益。由此可知战争作为达到某种国家利益的手段和工具，无论是发动战争，还是谋划战争的方案，都应出自清醒的理智，而不能凭一时之激愤、冲动。孙子曰：凡打了胜仗，夺取了土地城邑，而不能达到战略目的的会遭殃，这叫作"费留"。所以说：明智的国君要慎重地考虑这件事。不是有利的就不行动，不是能胜的就不用兵，不是危迫的就避免作战。国君不可因愤怒而动用战争，将帅不可因气忿而出阵求战。对国家有利才行动，对国家不利则停止。愤怒可以恢复到欢喜，人死了就不能再生。所以，明智的国君对此要慎重。不幸的是，阖闾却曾发动过一次无理智的战争。

这场战争发生在阖闾五年，即孙子出山的第二年。却说吴王原来有一宝剑，名曰"湛卢"。据传楚昭王在一次睡觉醒来后，见枕畔有寒光，看见了这宝剑，昭王非常高兴，即佩于身上，视为至宝。阖闾失剑后，派人寻访探求，有人报曰："此剑归于楚国。"阖闾大怒，说："此必楚王贿赂我的左右而盗走了它。"于是杀了左右数十人，使他们成了无辜之鬼。之后又遣孙子、伍员、伯嚭率师伐楚，又派使臣到越国征兵，想

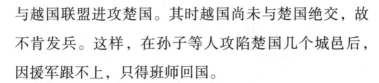

与越国联盟进攻楚国。其时越国尚未与楚国绝交，故不肯发兵。这样，在孙子等人攻陷楚国几个城邑后，因援军跟不上，只得班师回国。

　　阖闾对越国不与他联盟共同伐楚非常恼怒，又想伐越。孙子劝谏道："今年运气在越国，伐之不利。"阖闾不听，于是出兵伐越，攻陷一城，大掠而还。孙子私下对伍员说："四十年后越强而吴尽。"伍员默记其言。第二年楚为报前仇，由水师伐吴，吴王又派孙子、伍员率兵击败楚国水师。阖闾说："不攻克郢都，即使败了楚兵，也是无功啊。"郢都乃楚国都城，阖闾言下之意是要大举进攻楚国。伍员回答道："楚王对我有灭族之仇，臣岂能片刻忘记进攻楚国都城。然而考虑楚国乃天下之最强者，故不可轻敌。依臣所见，楚国不久将有内乱，到那时我们可乘机行事。"于是吴王命孙子演习水军以备进攻楚国，伍员则每日派人探听楚国消息。

→青铜剑

相关链接
XIANGGUAN LIANJIE

　　与孙子同列与《史记·孙子吴起列传》中的吴起也是春秋时期的一位杰出的军事家，他本是卫国人，好专研兵法，是曾子的弟子，在鲁国从政。齐人攻鲁国时欲以吴起为将，但吴起的妻子是齐国人，引起了鲁国人的猜疑，为了明誓，他杀了自己的妻子，鲁国人这才相信了他，他带兵一举打败了齐国。虽然战功赫赫，但鲁国人却说三道四起来"吴起之为人，猜忍人也，其年少时，家有千金，他却到处游仕，遂败其家，乡人笑话他，他竟杀了三十几个人，而离开了卫国，与其母离别之时，咬破手臂盟誓道'吴起不为卿相，誓不归卫国'。后跟了曾子学习，后来他母亲去世，他竟不归家为老人送终，连老师曾子都开始讨厌他，并与其断绝了师生关系，吴起便到了鲁国，用学的兵法服务于鲁君，而当鲁君怀疑其忠贞之际，他竟杀了相濡以沫的结发之妻以求将军之职，鲁国乃是小国，而今有战胜之名，怕诸侯要图谋鲁国了，而且鲁国与卫国乃是兄弟之国，国王重用吴起，就是背弃卫国。"这话传到鲁国王的耳朵里，就又怀疑其吴起，敬而远之了。吴起又听说魏文侯是个爱才之人，又想去辅佐他，文侯问李克吴起这人咋样？李克评价吴起道："吴起贪而好色，然用兵，司马穰苴都不如他。"于是魏文侯重用吴起为将，打击秦国，连拔秦五城。吴起也是位亲民领导，他于士卒中职位最低的同衣同食，睡觉不铺席子，行军不骑马，亲自背军粮，与士卒分穷苦。有士卒得了病疽，他亲自为病者吸吮脓血。那个士兵的母亲听说后哭了，有人说

→吴起

"你儿子不过是个小兵，人家大将军亲自为他吸吮脓血，你还有啥可哭的？"那个母亲说："你不知道，往年吴将军就为孩子他爸吸吮过脓血，他爸战斗时就只知往前冲不知回头，就死于阵前，吴将军现在又为我儿子吸吮脓血，我不知道我的儿子会死在哪里。"

一将成名万骨枯，将军威风凛凛，永载史册，可哪一场战争不是用普通士兵的尸体堆出来的，从古至今，有多少次血流成河。难怪鲁迅先生的《狂人日记》中道出："那些书的字里行间无不透出'吃人'二字，中华五千年，即是一部吃人的历史。"

吴起太强了，所以楚国的王公贵族都想置吴起于死地，因为所有人在他面前都成了傻瓜。楚悼王死时，宗室大臣作乱而攻吴起，吴起背起悼王的尸体就跑，而他与他的伯乐一同接受了箭雨的洗礼。

智谋多虑的孙子

多算胜，少算不胜，而况无算乎？
——《孙子兵法》

所幸的是，吴王阖闾在其创业阶段，像冒然攻楚伐越这样的失误还是不多见的。吴王在其军事安排上的总体规划依然是听从孙子与伍员的意见。

平日里，孙子经常与吴王一起讨论着各种各样的军事问题。有一次，阖闾曾问孙子："如果我师出境，驻扎于敌人之地，敌兵忽然大至，将我军重重包围。

→孙子纪念馆

我师欲突围而出，却又四塞不通。我想激励将士，使他们拼命突围，应如何办呢？"

孙子答道："这时应当挖深沟、筑高垒，加强防御工事，显示给敌人自己有所守备，令敌不敢轻易进攻；而自己一方应暂时安静勿动，以隐藏我军之本领，然后再告令三军，说明情况已到生死关头，之后杀牛焚车，让士兵饱食一顿，接着便烧尽粮食，填平井灶，人人割发弃冠，断绝生还的念头。于是加固坚甲，磨利锋刃，并气一力，从两边进攻。此时战鼓齐鸣，杀声震天，敌人闻之畏惧，将会措手不及；再挑选敏捷善战的士卒，另行出动，快速地攻到敌人背后，必能突围，这就是失误而求生之道。

所谓"困而不谋者穷，穷而不战者亡"，意思是陷入困境而又不思图谋，不求进取，则必定要走入穷途末路，走入死亡之地。而在面临绝境的时候，一定要鼓起勇气，奋力一战，这是求得生还的唯一方法，否则必亡无疑。吴王听罢，觉得很有道理。

吴王给孙子设置的问题实质上是关于军队的处境及军队的作战方针。而孙子则从军队所处的境地及相应的士卒心理和作战方略方面给予回答。这正是《孙子兵法》"九地篇第十一"中所集中阐述的问题。

"九地篇"说：按用兵的规律，地区在战略上因

→春秋时期青铜斧

位置和条件不同，对作战将发生不同的影响，可分为"散地""轻地""争地""交地""衢地""重地""汜地""围地""死地"。诸侯在本国境内作战的地区，叫"散地"；进入别人国境不深的地区，叫"轻地"；我军得到有利，敌军得到也有利的地区，叫"争地"；我军可以往敌军也可以来的地区，叫"交地"；处地三国交

界的先到就可以结交周围诸侯取得多方帮助的地区，叫作"衢地"；深入敌人境内，背后有很多敌城邑的地区，叫作"重地"；山岭、森林、险要、阻塞、水网、湖沼等难于通行的地区，叫作"汜地"；所由进入的途径狭隘，所由退归的道路迂远，敌军用少数兵力就可以攻击我多数兵力的地区，叫作"围地"；迅速奋勇作战就能生存，不迅速奋勇作战就只有死亡的地区，叫作"死地"。

因此，在"散地"上不宜作战；在"轻地"上不宜停留；遇"争地"应先夺占要点，不要等敌人占领再去进攻；逢"交地"，应部署相连，勿失联络；到"衢地"，则应加强外交活动，结交诸侯；深入"重地"，就要掠取粮草；遇到"汜地"，就要迅速通过；陷入"围地"，就要运谋设计；到了"死地"，就要奋勇作战，死里求生。

如果以《兵法》中的理论分析吴王之所问，那么吴王设置的军队处境是深入敌方"重地"中的"围地"，且面临着"死地"。

《作战篇》对这种艰难的处境提出具体的方针。《兵法》说：用兵的意旨就是要迅速，乘敌人措手不及的时机，走敌人意料不到的道路，攻击敌人没有戒备的地方。

　　凡是进入敌国作战的规律：深入敌境，则专心一致，使敌方不能抵抗；在丰饶的田野上掠取粮草，使全军得到足够的给养；注意保养士兵的体力，不使过于疲劳，提高士气，集中力量，部署兵力，巧设计谋，使敌人莫测高深；把部队投放到无路可走的地方，就只能拼死而不能败退，既然士卒肯拼死，又哪有不得胜之理，上下也就能尽力而战了。要知道士兵深陷危险的境地，就不恐惧，无路可走，军心就会巩固，深入敌国，行动就不敢散漫，迫不得已，就只好坚决战斗。因此这种军队不待修整，都懂得戒备，不待鼓励，都愿意出力，不待约束，都能亲密协力，不待申令，都会遵守纪律。禁止迷信，消除部属的疑惑，至死也无处走。我军士兵没有多余的钱财，不是士兵们不爱财物，我军没有贪生胆小的人，不是士兵们都不想长命。当作战命令颁发的时候，士兵们泪流满面，把他们投到除了向前拼命再无别路可走的地方，就会像专诸和曹刿一样勇敢了。

　　读者们大概还会记得孙子在这里提到的专诸吧，专诸作阖闾的杀手，手持短剑只身杀了吴王僚。曹刿也是一名勇士，曾执匕首劫持齐桓公。

　　吴王给孙子提出的问题得到了一个满意的答复，然而吴王倒也有趣，前此他设置的是突围的难题，接

←春秋时期穿上衣下裳式服装的武士

　　着他又问了孙子一个包围的问题，好像是故意试一试
这位军事家的本领。阖闾说道："如果我军围敌，则如
何行事？"

　　孙子答："敌人在山谷峻险之地，难以逾越，叫作
'穷寇'。攻击它的方法是：隐蔽我军的士卒和营房，
让开一条能出走的路。敌人求生逃遁，必无斗志，因
而在半路上加以袭击，虽众必破。"

　　孙子对吴王这一提问，则以地形的特点，敌我双方的状态来予以分析。这里所说的地形同上面所介绍的"地篇"中的"地"有很大不同，"地"的含义主要指由所在地区所带来的处境，而"地形"则指所在地区的自然特点，如山谷峻地之类。关于这个问题，《孙子兵法》专门有"地形篇第十"给予说明。

　　《地形篇》明确地表达：地形是用兵的辅助条件。判明敌人企图，研究地形险易，计算道路远近，制定取胜计划，这是主将的职责。懂得这些道理去指挥作战的，必然会胜利，不懂得这些道理去指挥作战的，必然会失败。

　　《地形篇》中具体分析了各种地形的特点及相应

的活动方针。孙子说：地域形状有"通""挂""支""隘""险""远"等六形。我们可以去，敌人也可以来的地域，叫作"通。"在这种"通"形的地域上，应占领视域开阔的高地，沟通并保护粮道，这样作战就有利；可以前进，难以后退的地域，叫作"挂"。在这种"挂"形的地域上，如果敌人没有防备，就可以突然出击去战胜它。如果敌人有防备，出击而不能取胜，又难以退回，就不利了；我军前出不利，敌军前出也不利的，叫作"支"。在这种"支"地域上，纵然敌人利诱我们，我们也不要前出，可引兵离去，让敌人前出一半然后回击它，这样就有利；在"隘"形的地域上，如果我们先到达，必须前出占领隘口，等待敌人来犯。如果敌人先到达，已前出占领隘口的，不要去打；没有占领隘口的，可以去打。在"险"形的地域上，如果我军先到达，必须控制视界开阔的高地，以等待敌人来犯。如果敌人先到达，就应引兵离去，不要去打它；在"远"形地域上，双方形势均等，不宜挑战，勉强求战，就不利。这六条，是利用地形的原则，将帅重大责任所在，是不可不研究的。

关于"地形篇"和"地篇"中所阐述的内容，就是影响战争几大因素中的"地利"问题，所以孙子才在其《兵法》给予高度的重视。自然，将帅在指挥作

→兵圣孙子

战时要灵活机动，《孙子兵法》给人们提供了高明的谋略，但若不能因时因地发挥自己的能动性，恐怕是要纸上谈兵了。当然有一些原则的事情则必须要掌握，比如孙子在解答吴王提出二个问题时，特别强调了军队士气。孙子认为：将军处事，镇静以求深思，严正而有条理。……进到各种不同地区的机变，能屈能伸地利用情况的发展，对各种人员心理的掌握，这些都是将帅不能不研究的。（《作战篇》）

关于军队心理与士气，他还讲道：兵卒的心理，被包围就会抵抗；迫不得已就会战斗；陷入十分危险的境地就会听从指挥。

把军队投放到"亡地"上，然后能保存；把兵卒陷入于"死地"，反而能得生。兵众陷入危险的境地，然后才能操纵胜败。（《作战篇》）

我们看到战争中的各种因素要综合考虑，孙子就是把军队的士气同它的境地关系在一起的，通过对军队所处境地的设置，来调动激发兵卒的拼死求生的勇气，这就是极强的战斗力。相反对敌人则应调动他的境地，使之丧失作战的勇气。

《孙子兵法》"军争篇第七"的有关论述极为精彩：

对于敌人的军队，可以打击它的士气；对于敌人的将领，可以搅乱他的决心。早晨朝气饱满，中午逐渐懈怠，傍晚就疲乏思归了。所以善于用兵的人，要避开敌人初来时的锐气，等到敌人松懈疲惫时再去打它，这是掌握军队士气的方法。用自己的严整等待敌人的混乱；用自己的镇静等待敌人的轻躁，这是掌握敌人将领心理的方法。用自己部队之接近战场，等待敌人之远道而来迎战之；用自己部队的安逸休整等待敌人的奔走疲劳；用自己军队的饱食等待敌人的饥饿，这是掌握军队战斗力的方法。不去拦击旗帜整齐配备周密的敌人，不去攻击阵容堂皇实力强大的敌军，这是掌握机动变化的方法。

相关链接
XIANGGUAN LIANJIE

　　《孙膑兵法》与《孙子兵法》，现在统称为《孙子兵法》，孙膑生于孙子死后的100多年，是孙子的直系孙，他曾与庞涓一起学兵法。学成后庞涓服务于魏国，是惠王的将军，他认为当时天下兵学能胜过他的，只有同门孙膑，如果该人一旦入仕他国，将是自己的死对头，就使阴招假意请孙膑共享荣华。孙膑并未防及这个阴险的同门，真来了，孙膑是真金子，地位肯定会超过自己。庞涓就设计陷害了孙膑，并残忍地断其两足，脸上刺了字，扔到猪圈里与猪一起吃住。据说孙膑是装疯当着庞涓吃猪粪才侥幸活了下来。后来来了齐国使者，孙膑偷偷地见了齐国使者，并表示愿意奉事齐国，齐国使者便偷偷将其带回齐国。齐国将军田忌很敬重他，并给予无微不至的照顾。齐国贵族流行骑射比赛，但田忌的马分为上、中、下三等，孙膑献计给田忌："你与齐王比赛，我能让你赢。"于是田忌就要求与齐王赛马，齐王以千金为酬，谁赢谁得，孙膑就让田忌用下等马和齐王的上等马比赛，结果可想而知，而其后的结果却是截然相反，田忌用上等马与齐王的中等马赛，得胜，用中等马与齐王的下等马比赛又得胜。田忌得了便宜，却不忘推荐了孙膑，齐王经过考察，任孙膑为军师。至此，孙膑完成了复仇的第一步。后来魏国讨伐赵国，赵国请求齐国出兵，齐王欲任命孙膑为将，孙膑辞谢说："刑余之人，不可。"仍以田忌为将，自己坐在车中出谋划策，导演了一出"围魏救赵"的好戏。这种计法在近代被林彪发展成为"围点打援"。孙膑威名远扬，完成了第二步复仇计划，他的仇人就要出场了。过了十五年，魏国与赵国联合攻韩国，韩国向齐国

田忌赛马

←春秋时期曲刃矛

求援，孙膑与庞涓终于要见面了，孙膑让田忌直奔魏国的大梁。庞涓听说孙膑要攻打自己的国土后，忙从攻韩国的战场上撤军拦截齐军，但齐军已过去向西走了。孙膑教田忌计谋"敌军兵士，虽悍勇但轻视齐军，我们就

将计就计，装作害怕，兵法有云：百里而趣利者蹶上将，五十里而趣利者军半至。我军进入魏国后，开始留十万个行军灶，第二天留五万灶，第三天留三万灶。"庞涓尾随齐军，看到了军灶的减少，大喜"齐军果然胆小，刚进入我国三天，士兵已逃亡过半"。于是，贪功心切，舍弃大军而只带轻骑拼命追过来。孙膑估摸着庞涓的行军速度，傍晚应追到马陵地界，马陵道路狭窄，而道旁皆有隐蔽之处，是个打伏击的好地方，于是布置伏

兵，让军士扒开一棵树的树皮露出树白，并写上
"庞涓死此树下！"并挑选上万名上好的弓箭手埋
伏在道路两旁，并告诉他们"看到有人举火把，
就向火把一起射箭"。庞涓果然在夜间来到了那棵
树下，看见树白上有字，就举火把照着看，当他
念完这几个字时，齐军万箭齐发，魏军大乱，庞
涓至此自知智穷兵败，便拔剑自刎于树下，并说
"我就成全了你成名吧！"赎了他对同门犯下的罪
孽，还是孙膑笑到了最后。齐军乘胜破其军，并
俘虏了魏国太子申。孙膑以此名扬天下，世代传
读其兵法。

西破强楚成功名

知己知彼，胜乃不殆；
知天知地，胜乃可全。

——《孙子》

吴王阖闾争霸的首要对手是楚国，阖闾已有几次按捺不住要出兵伐楚了。吴王伐楚的用意很明显，因为楚是大国，在各诸侯国中有很大声望，所以只要破楚，吴国的地位即可凌驾于其他诸侯之上，所以破楚是阖闾称霸的野心所在。

在阖闾七年时，吴国采用孙子"伐交"的谋略，策动桐国，使其叛楚。然后，又遣舒鸠氏引诱楚军出来。吴王要舒鸠氏欺骗楚人说："楚若以军队临吴，吴国畏惧楚之威势，肯定会代楚伐桐。"吴王又向舒鸠氏说明，这样做只是为了使楚对吴消除顾忌。果然，楚国在这一年便派令尹囊瓦帅师东行，驻军于豫章。吴人一面伪装为楚伐桐，把战船显眼地放在豫章附近的水平上，一面又派兵偷偷地进攻楚城邑巢。吴人乘楚人不备击败楚军于豫章，接着又攻克巢。这一次孙子

→孙子像

又采用了"兵者诡道""攻其无备、出其不意"的策略，使楚军丧师失地，狼狈不堪。

孙子的"伐交"策略在其《孙子兵法》"谋攻篇第三"中有论述，首先孙子提出了指导战争的原则，他说：凡用兵之法，全国为上，破国次之；（使敌人举国完整地屈服是上策，击破敌国就差些。）全军为上，破军次之；全旅为上，破旅次之；全卒为上，破卒次之；全伍为上，破伍次之。是故百战百胜，非善之善者也；不战而屈人之兵，善之善者也。（无须战斗而让敌方望风披靡是高明中最高明的。）按古代军队编制，五人为一伍，五伍为一两，五两为一卒，五卒为一旅，五旅为一师，五师为一军。

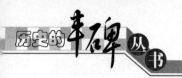
　　故上兵伐谋，其次伐交，其次伐兵，其下攻城。也就是：指导战争的上策是挫败敌人的战略计划，其次是挫败敌人的外交，再次是进攻敌人的军队，下策才是攻城。攻城的办法是不得已的。因为制造攻城的各种器械，三个月才能完成，建筑攻城的土山又要三个月才能竣工。将帅不胜其忿怒，驱使他的军队像蚂蚁一样去爬城，士兵伤之三分之一，城还是攻不下来，这就是攻城的灾害。故善于指导战争的人，屈服敌人的军队就不用硬打，夺取敌人的城堡不用硬攻，灭亡敌人的国家不须旷日持久。一定要用全胜的计谋争取于天下，这样军队不致受到挫伤，而胜利可以完满取得，这就是谋划进攻的法则。

　　所以用兵的法则，有10倍于敌的兵力就包围敌人，有2倍于敌的兵力就进攻敌人，有1倍于敌的兵力就要设想分散敌人，有与敌相等的兵力就要善于设法

→ 兵圣孙子

击败敌人；兵力比敌人少就要退却，实力比敌人弱，就要避免作战。所以弱小的军队如果固执坚守，就会成为强大敌人的俘虏了。

又过了两年，吴国向楚国发动总攻的机会终于来了。一日，伍员得到报告："有唐、蔡两国使臣前来通好。"伍员大喜："唐、蔡皆楚的属国，无故遣使远来，必然与楚有怨，真是上天使我破楚入郢也。"伍员所料不错，原来楚国大臣囊瓦对唐、蔡二国国君心有不满，便在楚昭王面前陷害，致使唐、蔡与楚反目为仇。唐、蔡二国因自己国小势微，便求救于吴，他们认为现在吴国的伍子胥、伯嚭等大臣，与楚有大仇，必能出力。他们的判断也是不差分毫，伍员亲自将两国使臣引见给阖闾，说道："唐、蔡以伤心之怨，愿为伐楚先驱。而且倘若我们救了蔡国，能显示我们扶助弱小的美名；倘若破了楚国，我们还可得到丰厚的利益。王欲入郢，此机不可失也。"阖闾也认为现在正是伐楚的良机，于是许诺唐、蔡，吴国将出兵攻楚。

正待阖闾调兵之际，有臣报道："军师孙子自江口归来，有事求见。"其时孙子正在江口训练水师。阖闾闻报孙子求见便召入，问其来意。孙子道："楚国之所以难攻，在于它的属国众多，不易直达楚国本土。陈、许、顿、胡等本来一向归附于楚，而今却弃楚而从晋

→春秋时期古城楼

国，人心怨楚，不独是唐、蔡，此时正是楚国势力孤
立之时。"阖闾听罢他所信服的军师如此分析，更平添
了信心，十分高兴。在春秋战国时期，每个强国都有

自己的附属国，一是因为强国的势力威逼，二是小国自己如果脱离了大国的保护，便无法生存。

阖闾调兵遣将，他派被离、专毅辅助太子波居国内留守，拜孙子为大将，伍员、伯嚭为副将，亲弟公子夫概为先锋，公子山专督粮饷，出动吴兵六万，号称十万，从水路渡过淮河，直达蔡国。囊瓦见吴兵势力浩大，急忙将楚兵撤回，退回汉水南边驻扎，然后急报郢都告急。

不久唐侯与蔡侯也赶到，二君愿为左右翼，相从灭楚。临行之际，孙子出人意料地传令军士登陆，将战船尽留在淮水。伍员不解，私下问孙子舍舟之故，孙子解释说："自东向西是逆水行舟，行动必然迟缓，这将给楚军以充裕的时间做准备。"伍员深为叹服孙子的精细。吴军自江北陆路直趋汉阳，屯扎在汉水之北，楚军屯扎在汉水之南。原来囊瓦担心吴军渡汉水进楚，闻听吴军留下战舰于淮水，心中稍安。后楚国左司马沈尹戌卒兵一万五千赶来增援，当沈尹戌得知吴军弃舟而从陆路进攻，不禁连连大笑，说："人言孙子用兵如神，以此观之，简直是儿戏呀！"囊瓦问："此话怎讲？"戌道："吴人惯习舟楫，利于水战，今乃舍舟而从陆路，只是取进军便捷，万一失利，更无归路，我所以笑之。"于是沈尹戌布下攻吴计划，他令囊瓦领兵驻扎在汉水南岸，将船只聚集一起，使吴军不得掠舟而渡。自己则率兵从另一侧渡过汉水，包抄吴军后背。

　　却不料囊瓦竟小瞧了孙子，也是立功心切，自己率军渡过汉水，到小别山至大别山一带与吴军对峙挑战。孙子先派先锋夫概迎敌，夫概选勇士三百人，各手执坚木为大棒，一遇楚兵，没头没脑地打将过去，楚军从未见过这阵势，被吴兵大打一通，大败而归。后又破囊瓦夜袭之计，并乘机攻入楚军大寨，楚军大乱而逃。囊瓦见状，知大势已去，便卸下袍甲，乘车疾走，不敢回郢，竟奔郑国逃难去了。吴军乘势大举追击，一直追到清发水。

　　在清发水，吴军采取孙子的"半济而击之"的战术，让楚军渡到一半时，夫概领兵追到，正在逃跑的楚军本已丧失斗志，此时更是张皇失措，争渡大乱。吴军从后掩杀，掠取旗鼓戈甲无数。

　　《孙子兵法》"行军篇第九"说：凡军队在各种地形上的处置和判断敌情时，应该注意以下原则：通过山地，必须靠近山谷，驻在高处，使前面视界开阔；敌人占领高处，不宜去仰攻，这是在山地上军队的处置；横渡江河，应远离水流，敌人渡水而来，不要迎击它于水上，让它渡过一半时去攻击它，才有利（所谓"半济而击之"）；想决战的，不要紧靠水边抗击敌人；沉河驻扎军队也应驻在高处，使前面视界开阔，不要面迎水流，这是在江河水流上军队的处置；通过盐碱沼泽地带，要迅速离开，不可逗留。如果同敌人相遇于盐碱沼泽地带，那就必须

← 春秋时期木车

靠近水草而背靠树林，这是在盐碱沼泽地带上军队的处置；在平原上应占领开阔地域，主要的侧翼和后方应倚托高地，前俯后高，这是在平原地上军队的处置。掌握这四种利用地形的原则，也黄帝之所以能战胜其四周部落的原因。

孙子在他统帅军队攻破楚国的过程中，他的军事思想处处闪耀着威力与光芒。且看：

大败而逃的楚国军队在路上将卒饥饿难忍，疲困不堪，不能奔走。当他们看到追兵尚远，便暂且停留，埋锅造饭。怎奈饭才熟，吴兵又到，楚兵慌忙弃食而

又逃，留下现成熟饭，反与吴兵受用。吴兵饱食后，更尽力追逐。楚兵自相践踏，死者更多。这又是孙子"因粮于敌"的策略的成功。

《孙子兵法》"作战篇"说：聪明的将帅务求就粮于敌国（因粮于敌）。吃敌粮一"钟"抵本国的二十钟，用草料一"石"抵本国的二十"石"。

孙子"因粮于敌"不仅仅是抢了楚军的一顿饭，主要的是吴兵已入楚国境内，吴兵的给养基本上就楚地而取之。所以当楚臣子期奏楚昭王时说："吴人深入我境，粮饷不继，岂能长久？"难怪昭王叹道："敌人因粮于我，何患乏食？"

吴兵在孙子、伍员的指挥下，长驱直入，攻取了楚国都城郢（今湖北省江陵县纪南城），楚昭王逃奔随国。

据载，孙子仅率领三万精兵，击败楚国二十万军队。伴随着一个泱泱大国——楚国的衰退，另一个称雄诸侯的强国——吴国迅速崛起。只此一功，孙子即可名留史册了，前人赞道："有提三万之众，而天下莫当者谁？孙子子也。"

相关链接
XIANGGUAN LIANJIE

　　《三十六计》第一计——瞒天过海，原文为"备周则意怠；常见则不疑。阴在阳之内，不在阳之对。太阳，太阴。"意为"当人们把所有的防备都做得比较周密齐全时，思想上就容易松懈，对外界放松警惕；当人们对一件事或人天天都见到的话，就会忽略其中的可疑迹象。机密往往隐藏在公开的事物当中，而不是在公开事物的对立面上，毫无遮掩的事物表面现象蕴藏着极诡秘的谋略"。作为将帅应心细如发，洞察敌人的军事意图并找出敌人的破绽，一举歼之。这里有一著名案例《薛仁贵妙计过海》，薛仁贵是唐朝名将，名礼，绛州龙门（今山西河津）人，善骑射，被封为平阳郡公。唐贞观十七年，唐太宗李世民率领大军来到东海边，只见白浪滔天，唐太宗耍了小孩脾气，怎么也不肯过江。此时，一个渔民求见，说是为太宗临时建了一个行宫。太宗便率百官随这个渔民来到了行宫。只见行宫被幕帐围得严严实实，极为豪华，里面已摆好了山珍海味。太宗大喜，与群臣在里面饮酒作乐。不久，房子开始摇摇晃晃起来，太宗忙命人揭开幕帐一看，吓了一跳，竟然已经航行在大海上了，原来这老渔民竟是薛仁贵假扮的。这一计施得巧妙，但施计人必须要了解地理知识和江河与海洋行船时的一般知识，更要有人巧妙地配合。

薛仁贵

大智若愚真英雄

> 持所盈之，不如其已；揣而锐之，不
> 可长保。金玉满堂，莫之能守；富贵而骄，
> 自遗其咎。功成身退，天之道也。
>
> ——《老子》

吴王阖闾攻破楚国，多年心愿已经实现，天下一霸的位子也便坐定。值此时，隐藏在他灵魂中的邪恶成分开始暴露，昔日的"王者之风"因其霸主地位开始烟消云散。古代有王道政治和霸道政治之分，阖闾现在转而执行他的霸道政治了。

吴国军队入楚都城郢之后，吴王阖闾升楚王之殿，

←春秋早期单盘

→春秋时期蟠龙纹方壶

百官前来拜贺，唐、蔡二君也入朝致辞称庆。阖闾大喜，置酒会。是晚，阖闾宿于楚王之宫，左右手下将楚王夫人带来陪伴阖闾，在阖闾犹豫不决之时，伍员道："楚王的国家尚且为您占有，何况其妻呢？"于是阖闾乃留宿，并且将楚王后宫的宫女尽数占有。同时

伍员、孙子、伯嚭等人也都分别占有据楚国各大夫之
家宅，淫其妻妾以侮辱他们。至于唐侯、蔡侯及吴军
将士则大肆烧杀抢掠，所到之处伏尸无数。吴军的暴
行可以说是许多战争胜利者的通病，在古代则更被许
多人看成合情合理的事情，所以连孙子也不免陷入此
套。从吴军的暴行中可以看到人的本能的一些面目。

伍员又进言吴王欲将楚宗庙拆毁。按古代传统，
大家族都建有自己的宗庙，供奉自己的祖先，宗庙象
征着本族的生命，所以它在古人的心目中有着崇高的
位置。孙子在宗庙存亡这个问题上尚有一念道德，他
见伍员如此提议，便也进言吴王说："兵以义动，方为
有名。楚平王废太子健而占秦女之子，任用谗贪，内

戮忠良，而非行暴于诸侯，是以吴在楚才得到这样的成果。今楚都已破，应当召回太子健的儿子芈胜，立之为君，让他主持楚国宗庙，以代替昭王之位。楚人怜悯已故太子无辜，必然安心接纳芈胜，而感念吴王的恩德，他们将世世代代贡献不绝。这样王虽然赦免了楚国，但仍是得到了楚国，如此，则名与实俱全了。"无奈吴王贪于灭楚，不听孙子之言，乃焚其宗庙。进而伍员又乞求吴王允许他掘开楚平王的坟墓，开棺斩首，以泄杀父灭兄之恨。吴王许之，说道："卿为寡人有功极大，寡人为何要爱惜那几条枯朽的尸骨，而不慰藉一下卿的心愿呢？"

且说楚国百姓不堪忍受吴人暴行，不久他们闻听昭王在随国，于是纷纷转告，然后至随国跟从昭王。在楚国，吴军在政治上陷入困境。此时伍员的一勇之夫的本相暴露无遗，如果再以阖闾的霸道作风与孙子相比，则孙子的军事家品格的理智、达观的精神就

→春秋时期立人柄曲刃剑

托得更为突出。在阖闾创业未果之时，在伍员复仇未就之时，孙子尚能使他们听从良言，而今则很难了。伍员始终以不能得昭王为恨，他向吴王提出："楚王未得，楚便不灭。臣愿率一支军队，寻访昏君，拿其抓回。"阖闾许之。于是伍员一路追寻，竟往随国，致书随君，要索取楚王。随侯伪称楚王已经离随国，请伍员再去追察。伍员又以为囊瓦在郑，便疑楚王也在那里，便又追到了郑国，郑国也劝助了伍员的军队。

再说昭王已派使臣往秦国求救。秦是当时的大国，实力可与吴国争锋。秦哀公派出大军救楚，吴先锋夫概与秦兵一战，便损失大半。夫概奔回郢都，称秦兵势锐，不可抵挡，吴王面有惧色。此时孙子又进言："兵，凶器也，可暂用而不可久用。况且楚国土地辽阔，人心未肯服吴，先前臣请王立芈胜为君以安抚楚国，正是考虑到了今日啊。为今之计，不如遣使与秦通好，答应恢复楚昭王君位，再割楚之城邑，以扩展吴国疆土，这对您来说不为无利。您若久恋楚宫不走，与之相持，那么楚人会越来越因激愤而滋生反抗，而吴人却会因为骄傲而越来越懒惰，加以虎狼之心的强秦在一旁窥视，臣未敢保大王万全。"孙子的一番话确实体现了一位军事家的高远见识，这也正体现了他的"知己知彼、百战不殆"的谋略。

《孙子兵法》"谋攻篇"说：国君可能使军队受到祸害的情况有三种：不懂得军队不可以前进却硬叫它前进，不懂得军队不可以后退却硬叫它后退，这就叫作牵制军队；不懂得军队的内部事情而干预军事行政，就会使官兵迷惑；不懂得军事的权变而干预军队指挥，就会使军队怀疑。军队既迷惑且怀疑，列国诸侯就会乘机而来为难。这就是所谓搞乱军队，自己引来敌人的胜利。

有五种情况可预见到胜利：凡是能看清情况知道可以打或不可以打的，就能胜利；懂得多兵的用法也懂得少兵的用法的，就能胜利；官兵有共同欲望的，就能胜利；自己有准备以对付疏忽懈怠的敌人的，就能胜利；将帅有指挥才能而国君不加以控制的，就能胜利。这五条，是预见胜利的方法。所以说，知己知彼，百敌不殆；不知彼而知己，一胜一负；不知彼、不知己，每战必殆。

此时的伍员头脑清醒了许多，也明白了吴军当前的处境，同时也知道楚王必不可得，故也同意孙子的意见，主张回师。阖闾正欲听从孙子二人的劝告，不意伯嚭却在一旁插言："吾兵自离吴国，一路破竹而下，几战便拔郢城，踏平楚国。今天一遇秦兵，即要班师，何先勇而后怯了？愿给臣兵一万，必使秦兵片

甲不留。"看来伯嚭之才远在伍员之下,更是一介莽夫。阖闾因贪恋功名,为功名所诱惑,竟丧失理智地答应了伯嚭,孙子与伍员竭力阻止不可交兵,然而伯嚭不从,于是引兵出城,旋而即败,秦兵直逼郢都。阖闾见此情形,调遣吴军布成阵势,与秦兵相持不下。

就在这时阖闾之弟夫概生起异心而反叛了阖闾。夫概率本部军马,偷出楚境渡汉水归吴,自立为王,之后又联合越国夹攻吴国。吴王接到消息,大惊失色,伍员道"夫概不过一勇之夫,不足为虑。所担忧的是

← 兵圣孙子

越人的力量，大王应速归，先平内乱再说。"在这种情况下，吴王不得已下了班师令。阖闾归来后，击败了夫概，夫概逃奔到了宋国。越国见吴国大军已退，又知孙子善用兵，料难取胜，也班师而回，从此吴越成仇。

却说当孙子接到阖闾班师命令后，孙子与伍员商议："空退将为楚笑，你何不请芈胜出来，扶他做楚国君王呢？"伍员认为言之有理，于是写了一封堂而皇之的书信，送给楚军，书中说道：

楚平王逐无罪之子，杀无罪之臣，我们实在不胜激愤，以至才出兵讨个公道。过去齐桓公保存邢国扶助卫国，秦穆公三次救助晋君，不贪其土，他们的美德被人传诵至今。我们虽不才，但也听说过他们高尚仁义之举。今太子健之子胜，现在吴国，未有寸土。楚国若能归于芈胜统治，使之供奉故太子之宗祀，我们定当退避，以成全我们崇尚大德贤人的志向。

吴国的这一次大举进攻楚国的军事行动，便就此宣告结束。

经过近十年的辛苦筹划、紧张操练、并亲自指挥作战，孙子帮助吴王阖闾把西面的强敌楚国，打得落花流水，威名远震中原各国。阖闾归国安定后，论破楚之功，首推孙子。然而孙子却不求高官厚禄，孙子

私下下对伍员说:"先生知道天道的规律吗?暑往则寒来,春还则秋至。吴王自今而后仗恃其强盛,边境无忧,骄横独断、纵情快意的行为必然逐渐生起。我们这些手执军权的人,如果功成而不知谦卑,后患不久就会来到了。"

孙子实践了他自己所要求的一个优秀将军的作风。《兵法》"地形篇"讲:从战争规律上看来必然会胜利的,虽然国君说不打,也可以坚持去打;从战争规律上看来不能打胜仗的,虽然国君说一定要打,也可以不去打。所以进不求名誉,退不避刑罚,只知道保护士及民众而有利于国君,这样的将帅,是国家最宝贵的财产。

孙子极其清楚地了解自己的职分,他是一个将军,即使是功高盖世,也仍然是一名将军而已。将军就应尽将军的职分,也就是通常所谓的尽本分,至于名誉、刑罚则不在自己的考虑之内。这就叫知命。将军如果仰仗功劳,贪求地位与名誉,就是逾越了自己的职分。知命的孙子自觉地尽职尽责地做一名将军,最终他做了一个伟大的将军。清朝人孙星衍评介到:"孙子为吴将,以三万破楚二十万,入郢、威齐晋之功归之子胥,故《春秋传》不载其名,盖功成不爱官。"从这里我们看到这位将军和军事家除了统帅军队及军事思想等才

能之外的另一耀人之处——伟大的人格。

　　在此之后的两年，吴楚形势又发生了一些改变。阖闾十一年，吴继续派兵伐楚，击败楚的水师，攻占番。而后吴军又战败楚的陆军于繁阳。这对楚国统治者震动极大，开始感到有亡国之险，于是便把国都由郢迁到鄀都（今湖北宜城县东南）。

相关链接

XIANGGUAN LIANJIE

　　"瞒天过海"之计另有一个《吕蒙白衣渡江》的案例。说是三国时的公元217年，东吴谋士鲁肃鲁子敬逝世，由吕蒙代替鲁肃职务主管吴州。吕蒙，字子明，汝南富陂（今安徽阜南东南）人。跟随孙权攻占各地，任横野中郎将。吕蒙上任后第一件大事就是想除掉关羽，他认为关羽据守在东吴上游，早有兼并东吴之野心，于是便秘密上书孙权，说关羽狂妄自大，还是早点除掉为好，孙权答应了吕蒙。恰巧此时，曹操派使者来联络孙权，要他夹击关羽，吕蒙就抓住了这千载难逢的机会。关羽也听说过吕蒙也不是一般的人物，所以，虽然他亲自率军进攻樊城，但对身后的吕蒙也不敢放松警惕。如何让关羽消除戒备，吕蒙花费了不少心思。忽然，他想到自己体弱多病，这次倒不如装病，于是，他假装旧病复发，向孙权请假，要求回家调养一段。孙权也是心照不宣，公开下令让吕蒙回家治病，派了一个文弱的年轻书生陆逊接替他的职务。吕蒙病重的消息很快传到樊城，关羽听后暗暗高兴。没过几天，关羽便收到了陆逊特地派人送来的信，信中大意是说，关羽在樊城水淹七军，俘获于禁，英勇无比，这次打败曹操，他们也很高兴。他陆逊不过一介小书生，今后还请关羽多指教。一向忠义的关羽，也被这糖衣炮弹所击中，飘飘然起来，放松了警惕，因樊城久围不下，就把防备东吴的人马调到樊城去了。陆逊及时把关羽调动人马的事报告给孙权和吕蒙，说来也巧，关羽在樊城收降于禁的

关羽

人马十几万，粮草供应出了问题，人是铁，饭是钢，这降军要是饿肚子反叛绝非小事，关羽便把东吴藏在湘关的粮食给抢了。孙权岂可吃这哑巴亏，任命吕蒙为大都督，迅速向关羽发起猛攻。吕蒙到了寻阳后，把战船

都改扮成商船，将一批精兵藏在舱里。划船的士兵都穿上商人穿的白衣服。这一大队商船向北岸出发了。到了北岸，蜀军守防士兵见是一队商船，也没在意，允许他们把船停在江边，到了夜里，藏在船舱里的士兵冲了出来，偷偷摸进江防岗楼，把蜀军将士全都俘虏了。吕蒙又率军进攻公安，留守公安、江陵的蜀军早就对关羽不满，经吕蒙一劝降，就归顺了，吕蒙进城后军纪严明，慰问蜀军家属，给百姓留下了好印象。此时，曹操派去的大将徐晃率领的援军也到了樊城前线，为了削弱蜀军，徐晃把孙权答应曹操夹攻关羽的信抄写多份射进关羽营中，蜀军见被前后夹击，又听说东吴人很厚爱他们的家人，都无心再战，有的则趁夜色逃跑了。徐晃趁机进攻，关羽无奈只得撤了对樊城的包围，可令关羽只带得十几个骑兵，逃到麦城。孙权穷追不舍，也跟着进了麦城，孙权爱关羽之才，劝降，被关羽拒绝。关羽又逃，走到半路，被东吴伏兵活捉，最后还是被孙权杀掉了。这里不仅用"瞒天过海"、还使用了"连环计""釜底抽薪"等计谋。

恩泽千古一兵书

> 君子进德修业，忠信所以进德也，修
> 辞立其诚所以居业也。
>
> ——《周易》

孙子在他的参与指挥作战的军事活动中，主要的功业就是辅助吴王攻破楚国，也就在此同时，吴国南方的邻国越国也是孙子计划征服的目标。

由于吴越两国相邻，故自吴国在寿梦时期强盛起来之后，越国就成为它首当其冲的攻击目标。但越国自允常即位称王后，也开始发展，对吴国的进攻不甘示弱，因而双方发生了连绵不断的战争，成为世仇之国。然而在双方的争斗中，吴国占据上风，并且具有压倒之势。后来吴越签订盟约，越向吴每年贡献一定数量的物品，吴则答应不再侵犯越国。在春秋战国时期，各国之间的关系绝少存在伙伴式的联盟，联盟大都是保护国与附属国式的关系，特别是邻国之间的关系基本上是这种情况。《孙子兵法》的写作形式是概括性的语言，基本上没有以具体的历史为素材进行分析，

但是却单单提到了吴越两国的关系及对越国的分析。这可能是孙子在吴国写兵法，从吴国的立场看问题，越对于吴即显得非常重要了。《兵法》中"九地篇"有言："吴国人和越国人是相互仇恨的，但当他们同舟渡河遇到大风时，他们就互相救援，如左右手一样。"《兵法》"虚实篇"说："依我分析，越国的兵虽多，可有什么补益于决定战争的胜负呢?"这句话反映了孙子对越国实力的态度。

在孙子被任吴将，开始伐楚的第三年（公元前510年），阖闾就以越国不派军队从吴伐楚为由，出兵向南进攻越国。越王允常与吴国交涉，指出："吴不守信义，破坏先前的盟约，抛弃其经常贡赐的友好之国，

勾践称霸

东周列国故事

←勾践书影

而泯灭其经常结交的亲密邻邦。"然而阖闾的野心是争霸，真正的霸象就是像后来的秦国一样，吞并其他国家，而不是像越对吴那样仅仅贡献而已。阖闾在孙子、伍员的帮助下，仗着人多势众，攻破吴越边境上的木隽李。从此吴越的怨仇越结越深。

前一章说到在公元前505年，吴国大军伐楚，吴国内空虚，同时阖闾之弟夫概篡位，邀越军攻吴，所以越王允常乘机兴兵伐吴，对吴进行报复。虽然吴越

→楚故都纪南城遗址

之争中吴占上风，但越仍不失其威胁力，也正是阖闾
顾忌越国的力量才从楚班师回国。待吴军回国，越军
才撤出。此后双方战事频繁，孙子筹划构筑了防越工
事。

阖闾在其晚年，渐渐不图进取，滋长了贪图安逸
的思想。他大筑宫台，过着终日游宴、尽情享受的生
活。对阖闾的骄奢作风，孙子并没有争谏，大概是求
自保吧。

在越国，公元前496年越王允常去世，勾践继位。
阖闾乘越国内部尚未安定，勾践年轻，又一次出兵征
越。然而吴军已失去了当年之勇，多年来吴王养尊处
优，军队的训练也懈怠了，亦不是最初那个孙子精心
苦练的吴军了。这一次越国使出了令人吃惊的巧计，
也可以说开创了军战史"使用罪犯作生死斗"的先河。
勾践把国内的罪人召至军前出阵，罪人排成三行，把
剑放在脖子上，一个个表演后，自刎于阵前。吴国的
士兵看得目瞪口呆，越军乘机冲锋，袭击吴阵。吴军
被杀得大败，阖闾也受了伤。勾践颇有自知之明，知
道自己新近即位，而且兵力单薄，不足以完胜吴兵，
故击退吴兵的进犯后，也就罢兵回国。

吴国这一失败，清楚地说明了妄自尊大的后果，
昔日的辉煌并不能保证今日的强大，《孙子兵法》"行

军篇"明白地写到：兵力不在愈多愈好，只要不盲目
冒进，而能集中力量，判明敌情，选拔人才就行啦。
只有那种毫无深思熟虑而又轻敌的人，必定会被敌人
所俘虏。

不久阖闾去世，由太子夫差继位，孙子、伍员等
大臣继续辅佐夫差。夫差继位后像当年阖闾初期一样，
励精图治，他终日率领士兵，训练杀敌本领。同时吴
国努力积蓄钱粮，充实府库，制造武器，扩充军队，
为战争做准备。经过三年的紧张努力，吴的力量得到
恢复，并有所增强。

越王勾践听说夫差"日夜勤兵"，目的是要向越国
报仇，便采取先发制人的策略，于公元前494年调集

→青铜剑

军队，乘船从水上向吴国进
发。吴王夫差听说勾践来
犯，马上调集全国精兵十万
前往抵御，两军相遇于夫椒
（今太湖边）。吴军由伍员、
孙子策划指挥，在夜间布置
了许多诈兵，分为两翼，点
上火把，向越军袭来。黑暗
中火光连成一片，迅速向越
军阵地移动，杀声震天，勾

← 夫差矛

践大为恐慌。吴军乘越军心慌意乱之际，发动总攻击，勾践仓皇南撤，吴军紧追不舍。当吴军追至浙江（今钱塘江）边，勾践想站住脚跟，再与吴决战。吴军在伍员、孙子指挥下又屡出奇谋再一次将越军杀得落花流水，最后越军被围困在会稽山上。在走投无路的情

况下，勾践只得向吴屈辱求和，越国成了吴的属国，而且勾践在夫差宫内服了三年苦役。

吴国的争霸活动，在南方地区取得胜利后，便向北方中原地区进逼。特别是齐、晋两大国，距吴国不远，是吴国在中原争霸的主要对象。在阖闾破楚后，吴军就曾攻入齐国，取得大胜。公元前484年，夫差大举发兵，大败齐师。之后两年，夫差又率领数万精兵，由水路北上，到达黄池（今河南丘县），与晋、鲁等诸侯国君会盟。吴王夫差在这次盟会上，以强大的

军事力量作后盾，争得霸主地位，吴国的发展在这个时候达到了鼎盛。

　　然而夫差的后期亦同阖闾，在大功告成后，也过上了花天酒地，淫逸奢侈的生活。越王勾践为保存性命、腐化夫差，向夫差贡献越国美女西施，自己则卧薪尝胆。伍员屡次向夫差进谏杀掉勾践，夫差不听，反而夫差听信太宰伯嚭挑唆，竟杀了伍员。伍员临终前说："一定在我的墓上种以梓树，使其可做棺木以葬吴国，再挖下我的眼睛悬于东门之下，让我观看越寇

←孙子

→兵圣孙子

灭亡吴国吧!"

　　不出伍员所料,归国后的勾践在范蠡等人的辅佐下,逐渐强大,终于在公元前473年,彻底打败吴国,夫差自刎而死。吴国自此正式被越国灭亡。

　　就在伍员被杀不久,孙子也谢世了,时间大概是在公元前480年左右,享年约55岁,孙子死后葬在吴都郊外。孙子终其一生为吴国图谋划策,吴国可以说是孙子军事思想的实践基地,然而在他去世后不久,吴国便被越国所灭。许多历史评论家对吴的命运有很多不解，出于这种灭亡的悲剧结局而责难孙子，他们不解而责难的是，作为一个伟大的军事家为什么不能帮助他所服务的国家取得最后的胜利？其实他们忘记了《孙子兵法》一开篇即告戒人们决定战争胜利的2项要素中首要的是一个国家的政治因素。也就是他所说的"道"。另外，孙子是个思想型的人物，他在吴国参与的实际活动也仅仅是作为一个将军参与了吴的军事行动，所以他在吴国的现实政治中并不占主角地位。

孙子的伟大，并不在于他的实施的政治、军事的活动，而在他的思想。在这一方面讲，孙子的功业才是不朽的，具体来讲，它体现在《孙子兵法》这一部著作中。

孙子的兵法最直接的继承者，就是他的后代——孙膑。孙膑生活于战国时期，为齐国军师，著有《孙膑兵法》。

《孙子兵法》自其问世2000多年来，它影响已远远走出了军事领域，这是因为它所含藏着的成功致胜的哲学。比如在第26届奥林匹克运动会上，女子垒球冠军争夺赛中，美国人借主办国之利把决赛时间安排在中国队与澳大利亚进行的半决赛1小时后，而美国队则已休整了两天，美国人采取了"以逸待劳"的策略。